明文堂編輯部 校閱

詳密註釋 通鑑諺解

【卷之五】

明文堂

詳密註釋 通鑑諺解【卷之五】目次

詳密註釋 通鑑諺解卷之五

漢紀

中宗孝宣皇帝下

(辛酉)二年이라夏에充國이奏言호대羌이本可五萬人이러니己降幷斬首級溺河湟飢餓死者ㅣ四萬有餘ㅣ니請罷屯兵호노이다奏를可호니라充國이振旅而還호다秋에羌人이降이어늘漢이初置金城屬國호야以處降羌호다 (出充國本傳)

二年이라夏에充國이言을奏호되羌이본디可히五萬人이러니임의降호고幷히首級를斬호고河湟에溺호고飢餓호야死호者ㅣ四萬有餘ㅣ니屯兵을罷키請호노이다奏를可라호니充國이旅를振호고還호다秋에羌人이降호거늘漢이처음으로金城屬國을置호야써降羌을處케호다

司隸校尉蓋寬饒ㅣ(蓋公盍反)剛直公淸호야數干犯上意러니時에上이方用刑法호야任中書官이어늘(王氏曰本作任中書宦官故下文云以刑餘爲周召)寬饒ㅣ奏封事曰

(湟)水名入河
(振旅)振止也戰罷止其衆而入也又整也出曰治兵入曰振旅
(屬國)不改何國之俗而屬於漢故屬國也
(封事)漢儀密奏皂

囊封板故曰封事
(浸)漸也

(自剄)寬饒奏封事金吾議以寬饒意求禪大逆不道上怒以爲寬饒怨謗

方今에 聖道ㅣ浸微ᄒᆞ고 儒術이 不行ᄒᆞ야 以刑餘로 爲周召ᄒᆞ고 (宦官刀鋸之餘也今以宦官居位故云然) 以法律로 爲詩書ᄒᆞ고 又引易傳言ᄒᆞ대 五帝는 官天下ᄒᆞ고 三王은 家天下ᄒᆞ니 家以傳子孫이오 官以傳賢聖이니다 (本傳無子孫賢聖句)

司隸校尉ㅣ蓋寬饒ㅣ剛直ᄒᆞ고 公淸ᄒᆞ야 자조 上의 意를 干犯ᄒᆞ더니 時에 上이 바야흐로 刑法을 用ᄒᆞ야 中書官을 任ᄒᆞ거늘 寬饒ㅣ 封事를 奏ᄒᆞ야 曰 方今에 聖道ㅣ浸微ᄒᆞ고 儒術이 行치못ᄒᆞ야 刑餘로써 周召를 삼고 法律로써 詩書를 삼는다ᄒᆞ고 또 易傳을 引ᄒᆞ야 言ᄒᆞ되 五帝는 天下를 官ᄒᆞ고 三王은 天下을 家ᄒᆞ니 家는 써 子孫에게 傳ᄒᆞᆷ이오 官은 써 賢聖에게 傳ᄒᆞᆷ이니이다

書奏에 上이 以爲寬饒ㅣ 怨謗이라ᄒᆞ야 九月에 下寬饒吏ᄒᆞᆫ대 寬饒ㅣ 引佩刀ᄒᆞ고 自剄北闕下ᄒᆞ니 衆이 莫不憐之러라 (出本傳)

書를 奏ᄒᆞᆷ에 上이 써ᄒᆞ되 寬饒ㅣ 怨謗ᄒᆞᆫ다ᄒᆞ야 九月에 寬饒를 吏에 下ᄒᆞᆫ대 寬饒ㅣ 佩刀를 引ᄒᆞ고 ᄉᆞᄉᆞ로 北闕下에 剄ᄒᆞ니 衆이 憐치아니ᄒᆞ리 업더라

日逐王이 (卽如休屠王渾邪王之稱) 素與握衍朐鞮 (朐音劬鞮丁奚反匈奴單于號) 單于로 有隙이라

率其衆降漢ᄒᆞ이어 (出匈奴傳) 騎都尉鄭吉이 發渠犁龜玆 (音丘慈西域國) 諸國

(都護)都猶大也總也

(上寬大)上與尚通 下上禮義同

錢帛曰俸 米粟曰祿

五萬人ᄒᆞ야 迎日逐王ᄒᆞ야 將詣京師ᄒᆞᆫᄃᆡ 漢이 封日逐王ᄒᆞ야 爲歸德侯ᄒᆞ다

日逐王이본ᄃᆡ握衍朐鞮單于로더브러隙이有ᄒᆞᆫ지라그衆을率ᄒᆞ고漢에降ᄒᆞ거늘騎都尉鄭吉이渠犂龜玆諸國五萬人을發ᄒᆞ야日逐王을迎ᄒᆞ야將ᄒᆞ야京師에詣ᄒᆞᆫᄃᆡ漢이日逐王을封ᄒᆞ야歸德侯를삼다

吉이 既破車師ᄒᆞ고 降日逐ᄒᆞ니 威振西域이다 幷護車師以西北道故로 號를 都護라ᄒᆞ니 都護之置ㅣ 自吉로 始焉이러라 (以上略見西域傳)

吉이임의車師를破ᄒᆞ고日逐을降ᄒᆞ니威가西域에振ᄒᆞᆫ지라車師ㅣ써西北道를幷護ᄒᆞᆫ고로號를都護라ᄒᆞ니都護의置ᄒᆞᆷ이吉로브터始ᄒᆞ엿더라

(壬戌 三年이라 春에 魏相이 薨ᄒᆞ고 丙吉이 爲丞相ᄒᆞ다 吉이 上寬大好禮讓ᄒᆞ고 不親小事ᄒᆞ니 時人이 以爲知大體라ᄒᆞ더라 (出本傳)

三年이라春에魏相이薨ᄒᆞ고丙吉이丞相이되다吉이寬大를上ᄒᆞ고禮讓을好ᄒᆞ고小事를親치아니ᄒᆞ니時人이써ᄒᆞ되大體를知ᄒᆞᆫ다ᄒᆞ더라

八月에 詔曰吏不廉平則治道ㅣ衰ᄒᆞᄂᆞ니 今小吏ㅣ皆勤事而俸

(十五)若食一斛則益五斗說文十斗爲斛

(搆會)搆結也患其俗多朋黨吏民故搆令相告訐故多怨讐

(何以至此)豈我

祿이薄ᄒᆞ나欲無侵漁百姓이나難矣라 侵漁猶掊克 其益吏百石已下를俸
十五ᄒᆞ라 出本紀

八月에詔ᄒᆞ야曰吏가廉平치못ᄒᆞᆫ則治道ㅣ衰ᄒᆞᄂᆞ니今에小吏ㅣ다事를勤ᄒᆞ되俸祿이薄ᄒᆞ니百姓을侵漁ᄒᆞᆷ이無코져ᄒᆞ나難ᄒᆞᆫ지라그吏百石己下에게俸十五를더ᄒᆞ라

是歲에東郡太守韓延壽ㅣ爲左馮翊ᄒᆞ다始에延壽ㅣ爲潁川太守ᄒᆞ니潁川이承趙廣漢搆會吏民之後ᄒᆞ야俗多怨讎어늘延壽ㅣ改更ᄒᆞ야敎以禮讓이러니黃霸ㅣ代延壽居潁川에霸ㅣ因其迹而大治ᄒᆞ니라

이해에東郡太守韓延壽ㅣ左馮翊이되다始에延壽ㅣ潁川太守가되니潁川이趙廣漢의搆會吏民ᄒᆞᆫ後를承ᄒᆞ야俗이怨讎ㅣ多ᄒᆞ거ᄂᆞᆯ延壽ㅣ改更ᄒᆞ야禮讓으로써敎ᄒᆞ엿더니黃霸ㅣ延壽를代ᄒᆞ야潁川에居ᄒᆞᆷ에霸ㅣ그迹을因ᄒᆞ야크게治ᄒᆞ니라

延壽ㅣ爲吏에上禮義ᄒᆞ고好古敎ᄒᆞ며接待下吏에 恩施甚厚而約誓ㅣ明ᄒᆞ야或欺負之者ㅣ어든延壽ㅣ痛自刻責曰豈其負之아何以

負之邪其人何以至此事
(令行禁止)令之必行禁之必止

(移)猶傳也兄弟相讓故曰相移

至此오ᄒᆞ니 吏聞者ㅣ自傷悔ᄒᆞ야至自刺自剄이러다 其在東郡三歲에
令行禁止ᄒᆞ고斷獄이大減이라由是로入爲馮翊ᄒᆞ다

延壽ㅣ吏가됨에禮義를上ᄒᆞ고古敎를好ᄒᆞ며下吏를接待홈에恩을施ᄒᆞ기심히厚히ᄒᆞ고約誓ㅣ明ᄒᆞᆫ지라或欺負ᄒᆞᄂᆞᆫ者ㅣ면延壽ㅣ痛ᄒᆞ야스ᄉᆞ로刻責ᄒᆞ야曰웃지그負ᄒᆞᆫ가웃지써此에至ᄒᆞ엿ᄂᆞ뇨ᄒᆞ니吏ㅣ聞ᄒᆞᆫ者ㅣ스ᄉᆞ로傷悔ᄒᆞ야自刺ᄒᆞ고自剄홈에至ᄒᆞ더라그東郡에在ᄒᆞᆫ지三歲에令이行ᄒᆞ고禁이止ᄒᆞ고斷獄이大減ᄒᆞᆫ지라이로由ᄒᆞ야馮翊이되다

延壽ㅣ出行縣至高陵이러니 民有昆弟ㅣ相與訟田自言이어늘 延壽ㅣ大傷之曰幸得備位ᄒᆞ야爲郡表率에不能宣明敎化ᄒᆞ야至令民으로有骨肉爭訟ᄒᆞ니旣傷風化라咎在馮翊이라ᄒᆞ고因閉閤思過ᄒᆞ니於是에訟者ㅣ自悔ᄒᆞ야願以田相移ᄒᆞ고終死不敢復爭ᄒᆞ니郡中이翕然盛也相敕厲ᄒᆞ야不敢犯이러라

延壽ㅣ出ᄒᆞ야縣에行ᄒᆞ야高陵에至ᄒᆞ엿더니民에昆弟잇셔서로더브러田을訟ᄒᆞ야스ᄉᆞ로言ᄒᆞ거ᄂᆞᆯ延壽ㅣ大히傷ᄒᆞ야曰幸히備位를得ᄒᆞ야郡의表率이됨에能히

敎化를宣明치못ᄒᆞ고民으로ᄒᆞ야곰骨肉이爭訟홈에至ᄒᆞ니임의風化를傷ᄒᆞᆫ지라
咎가馮翊에在ᄒᆞ다ᄒᆞ고因ᄒᆞ야閤을閉ᄒᆞ고過를思ᄒᆞ니이에訟ᄒᆞ던者ㅣ스ᄉᆞ로悔
ᄒᆞ야田으로써서로移키願ᄒᆞ고終死토록敢히다시爭치아니ᄒᆞ니郡中이翕然ᄒᆞ야
서로敕ᄒᆞ고厲ᄒᆞ야敢히犯치아니ᄒᆞ더라

(二十四縣)目馮翊所統也

延壽恩信이周徧二十四縣ᄒᆞ야莫復以辭訟으로自言者ㅣ라推其至誠ᄒᆞ야吏民이不忍欺紿러라 紿音殆欺也 出韓延壽傳

延壽의恩信이二十四縣에周徧ᄒᆞ야다시辭訟으로써自言ᄒᆞ는者ㅣ업는지라그至
誠을推ᄒᆞ야吏民이ᄎᆞᆷ아欺紿치못ᄒᆞ더라

(癸亥)四年이라潁川太守黃霸ㅣ在郡前後八年에政事ㅣ愈治라是時에鳳凰神爵이數集郡國호대潁川이尤多ᄒᆞ거늘詔賜爵關內侯러니數月에徵霸爲太子太傅ᄒᆞ다 出黃霸傳

四年이라潁川太守黃霸ㅣ郡에在ᄒᆞᆫ지前後八年에政事ㅣ더욱治ᄒᆞᆫ지라이ᄯᅢ에鳳
凰神爵이자조郡國에集호ᄃᆡ潁川이더욱多ᄒᆞ거늘詔ᄒᆞ야爵關內侯를賜ᄒᆞ엿더니
數月에霸를徵ᄒᆞ야太子太傅를ᄉᆞᆷ다

時에河南太守嚴延年이爲治에陰鷙酷烈ᄒᆞ야 鷙脂利反擊也凡鳥之勇獸之猛皆曰鷙酷烈謂刑罰烈也

素輕黃霸爲人이러니 及比郡爲守에 褒賞이 反在己前ᄒᆞ니 心內不服이러라 河南界中에 又有蝗蟲이어ᄂᆞᆯ 府丞義ㅣ 出行蝗ᄒᆞ고 (義府丞之名也失其姓行下孟反巡行捕蝗也) 還見延年ᄒᆞᆫ대 延年이 曰此蝗이 豈鳳凰食耶아 義ㅣ 年老ㅣ라 素畏延年이러니 恐見中傷ᄒᆞ야 (中竹仲反陰中害之也) 上書言延年罪ᄒᆞ야 驗得怨望誹謗數事ᄒᆞ니 延年이 坐不道棄市ᄒᆞ다

時에河南太守嚴延年이治를홈에陰鷙ᄒᆞ고酷烈ᄒᆞ야본ᄃᆡ黃霸의人됨을輕히ᄒᆞ더니밋郡을比ᄒᆞ야守가됨에褒賞이反히己前에在ᄒᆞ니心內에服치안터라河南界中에또蝗蟲이有ᄒᆞ거ᄂᆞᆯ府丞義ㅣ出ᄒᆞ야蝗을行ᄒᆞ고還ᄒᆞ야延年을見ᄒᆞᆫᄃᆡ延年이曰이蝗이엇지鳳凰의食이랴義ㅣ年이老ᄒᆞᆫ지라본ᄃᆡ延年을畏ᄒᆞ더니傷에中홈을見홀가恐ᄒᆞ야書를上ᄒᆞ야延年의罪를言ᄒᆞ야驗ᄒᆞ야怨望誹謗ᄒᆞᆫ數事를得ᄒᆞ니延年이不道에坐ᄒᆞ야市에棄ᄒᆞ다

初에 延年母ㅣ 從東海來ᄒᆞ야 欲從延年이러니 臘到洛陽ᄒᆞ야 適見報囚ᄒᆞ고 (論囚曰報說文云當罪人也) 母ㅣ 大驚ᄒᆞ야 謂延年曰天道ㅣ 神明ᄒᆞ니 人不可獨殺이라 我ㅣ 不意當老ᄒᆞ야 見壯子ㅣ 被刑戮也호라 行矣어다 去汝東歸ᄒᆞ야

(人不可獨殺)多殺人者已亦當死也

(掃除墓地)註言除墓地待其喪至也

掃除墓地耳라ᄒᆞ고 遂去歸郡이러니 後歲餘에 果敗ᄒᆞ니 東海ㅣ莫不賢智其母러라 出嚴延年傳

初에延年의母ㅣ東海로조차와서延年을從코져ᄒᆞ더니臘에洛陽에到ᄒᆞ야맛참報囚를見ᄒᆞ고母ㅣ크게놀나延年다려謂ᄒᆞ야曰天道ㅣ神明ᄒᆞ니人을可히홀로殺치못ᄒᆞᆯ지라我ㅣ老를當ᄒᆞ야壯子ㅣ刑戮에被ᄒᆞᆷ을見키意치못ᄒᆞ엿노라行ᄒᆞᆯ지어다汝를去ᄒᆞ고東으로歸ᄒᆞ야墓地를掃除ᄒᆞ겟다ᄒᆞ고드ᄃᆡ여去ᄒᆞ고郡에歸ᄒᆞ엿더니後歲餘에과연敗ᄒᆞ니東海ㅣ그母를賢智ᄒᆞ다아니ᄒᆞ리업더라

(甲子)五鳳元年이라 韓延壽ㅣ代蕭望之ᄒᆞ야 爲馮翊ᄒᆞ다 望之ㅣ聞延壽ㅣ在東郡時에 放散官錢千餘萬ᄒᆞ고 使御史案之ᄒᆞᆫᄃᆡ 延壽ㅣ聞之ᄒᆞ고 卽部吏ᄒᆞ야 案校望之ㅣ 在馮翊時에 廩犧官錢放散百餘萬이어ᄂᆞᆯ 廩犧內史屬官有廩犧令丞尉廩主藏穀犧主養牲所以供祭祀 望之ㅣ自奏ᄒᆞᄃᆡ 職在總領天下라 聞事에不敢不問이러니 而爲延壽의 所拘持로소이다 上이由是로 不直延壽ᄒᆞ야 各令窮考ᄒᆞ니 望之ᄂᆞᆫ 卒無事實ᄒᆞ고 而延壽ᄂᆞᆫ 以在東郡에奢

(尙方)註 少府之屬官掌工作御刀鉅諸好器物也

僭愈制ᄒᆞ고 鑄刀效尙方等事로 竟坐棄市ᄒᆞ니 百姓이 莫不流涕러라

五鳳元年이라韓延壽ㅣ蕭望之를代ᄒᆞ야馮翊이되다望之ㅣ延壽가東郡에잇든時에官錢千餘萬을放散ᄒᆞᆷ을聞ᄒᆞ고御史로ᄒᆞ여곰案ᄒᆞᆫᄃᆡ延壽ㅣ聞ᄒᆞ고部吏에即ᄒᆞ야望之ㅣ馮翊에在ᄒᆞᆫ時에廩犧官錢百餘萬을放散ᄒᆞᆷ을案校ᄒᆞ거늘望之ㅣ自奏호ᄃᆡ職이天下를總領ᄒᆞᆷ에在ᄒᆞᆫ지라事를聞ᄒᆞ고敢히問치아니치못ᄒᆞ겟더니延壽에게拘持ᄒᆞᆫ바ㅣ되엿소이다上이是로由ᄒᆞ야延壽를直치아니ᄒᆞ야각각하여곰窮考ᄒᆞ니望之는맛ᄎᆞᆷ내事實이업고延壽는써東郡에在ᄒᆞᆷ에奢僭ᄒᆞᆷ이制를踰ᄒᆞ고刀를鑄ᄒᆞ고尙方等事를效ᄒᆞᆷ으로맛ᄎᆞᆷ니棄市ᄒᆞᆷ에坐ᄒᆞ니百姓이涕를流치아니리업더라

(丙寅)三年이라 春에 丙吉이 薨ᄒᆞ다

三年이라春에丙吉이죽다

贊曰古之制名必由象類遠取諸物近取諸身故經謂君爲元首臣爲股肱明其一體相待而成也是故君臣相配古今常道自然之勢也近觀漢相高祖開基蕭曹爲冠孝宣中興丙魏有聲是時黜陟有序衆職修理公卿多稱其位海內興於禮讓覽其行事豈虛乎哉

黃霸ㅣ爲丞相ᄒᆞ다 霸材ㅣ長於治民이러니 及爲丞相ᄒᆞ얀 功名이 損於
治郡時러라 京兆尹張敞舍鶡雀이 飛集丞相府어ᄂᆞᆯ 鶡音芬(釋義)芬本作鴲雀大而色青出羌中今俗
謂鶡鴲者是 霸ㅣ以爲神爵이라ᄒᆞ야 議欲以聞이러니 後에 知從敞舍來ᄒᆞ고 乃止ᄒᆞ니
然이나 自漢興으로 言治民吏면 以霸爲首러라 出本傳

黃霸ㅣ丞相이되다 霸의材ㅣ治民에長ᄒᆞ더니 밋丞相이되얀功名이治郡時보다損ᄒᆞ엿더라 京兆尹張敞의舍의鶡雀이飛ᄒᆞ야丞相府에集ᄒᆞ거ᄂᆞᆯ霸ㅣ써ᄒᆞ되神爵이라ᄒᆞ야議ᄒᆞ야써聞코져ᄒᆞ더니後에敞의舍로從ᄒᆞ야來ᄒᆞᆷ을知ᄒᆞ고이에止ᄒᆞ엿스나그러나漢興으로브터治民吏를言ᄒᆞ면霸로써首를숨더라

戴溪曰漢宣帝綜核名實惡臣下欺己而更攷其行事有名亡實尤甚卒不免爲臣下所欺何哉夫人主嗜好不可偏也發於心術甚微而趍和意旨以相彌縫者多矣宣帝酷好祥瑞幾成僻矣少府宋疇坐議鳳凰不下京師左遷他日鳳凰往往皆集京師矣神爵鳳凰芝草甘露紛紜何多也意者天不愛道地不愛寶乎今宣帝之時逆賊風雨災變擾擾不已符瑞何從來哉吾觀黃霸鶡雀事知神爵五鳳黃龍間曰祥瑞云者大抵皆鶡雀之類也

(丁卯)四年이라 大司農丞耿壽昌이 奏言호되 歲數豊穰ᄒᆞ야 穀賤ᄒᆞ니
釋義穰入常切豊也 農人이 少利라 故事에 歲漕關東穀四百萬斛ᄒᆞ야 以給京
師호되 用卒六萬人ᄒᆞ니 宜糴三輔弘農河東上黨太原郡穀이면 足

(尙方註 少府之屬官掌工作御刀鉅諸好器物也)

供京師오可以省關東漕卒過半이리다 上이從其計ᄒᆞ니 壽昌이又
白令邊郡으로皆築倉ᄒᆞ야以穀賤으로增其賈而糴以利農ᄒᆞ고(賈讀曰價) 穀
貴時에減賈而糶ᄒᆞ야(釋義糶吊反出穀也) 名曰常平倉이라ᄒᆞ니 民이便之어늘 上이乃
詔賜壽昌爵關內侯ᄒᆞ다(出食貨志)

四年이라大司農丞耿壽昌이言을奏호대歲가자조豐穰ᄒᆞ야穀이賤ᄒᆞ니農人이利가少ᄒᆞᆫ지라故事에歲로關東穀四百萬斛을漕ᄒᆞ야써京師를給호ᄃᆡ卒六萬人을用ᄒᆞ니맛당이三輔와弘農과河東과上黨과大原郡穀을糴ᄒᆞ면足히京師를供ᄒᆞᆯ것이오可히關東漕卒過半을省ᄒᆞ리이다上이그計를從ᄒᆞ니壽昌이또白ᄒᆞ야邊郡으로ᄒᆞ여곰다倉을築ᄒᆞ야穀이賤ᄒᆞᆷ으로써그賈를增ᄒᆞ야糴ᄒᆞ야써農을利ᄒᆞ고穀이貴ᄒᆞᆫ時에賈를減ᄒᆞ야糶ᄒᆞ야名ᄒᆞ야曰常平倉이라ᄒᆞ니民이便히여기거늘上이이에詔ᄒᆞ야壽昌에게爵關內侯를賜ᄒᆞ다

光祿勳楊惲이(惲欣粉反) 廉潔無私ᅵ나然이나 伐其行能ᄒᆞ고又性이刻害ᄒᆞ야
好發人陰伏ᄒᆞ니由是로多怨於朝廷이러라 與太僕戴長樂으로相失
이러니 長樂이上書告惲罪호ᄃᆡ 怨望爲妖惡言이라ᄒᆞᆫᄃᆡ 上이不忍加誅ᄒᆞ야

(妖惡言 長樂上書 曰惲語臣

日正月以來天陰不雨此春秋所記夏侯君所言以主上爲戲言無消奏之

(宰相子)註楊敞之子

免爲庶人호다

光祿勳楊惲이廉潔호고私가無호나然이나그行能을伐호고또性이刻害호야人의陰伏을發호기好호니是로由호야怨이朝廷에多호더라太僕戴長樂으로더브러셔로失호엿더니長樂이書를上호야惲의罪를告호되怨望호고妖惡호言을혼다호되上이츰아誅를加치못호야免호야庶人을숨다

惲이旣失爵位호고家居治産業호야以財自娛어놀其友安定太守孫會宗이與惲書諫戒之호야爲言大臣이廢에當闔門惶懼오不當治産業通賓客호야有稱譽니라惲이宰相子로有材能호야少顯朝廷이라가一朝에以晻昧(晻與暗同)語言으로見廢호고內懷不服이라

惲이임의爵位를失호고家에居호야産業을治호야財로써스스로娛호거늘그友安定太守孫會宗이惲에게書를與호야諫戒호야言호되大臣이廢홈에맛당이門을闔호고惶懼홀것이오産業을治호고賓客을通호야稱譽를有홈이不當호니라惲이宰相子로材能이잇셔적이朝廷에顯호다가一朝에晻昧호語言으로써廢홈을見호고內로不服을懷호지라

報會宗書曰過大行虧호니當爲農夫以沒世라田家作苦호야歲

時伏臘에 伏者金氣伏藏之日也四時代謝皆以相生立春木代水水生木立夏火代木木生火立冬水代金金生水立秋金代火而金畏火故至庚日必伏蓋庚屬金也陰陽書言夏至後第三庚爲初伏第四庚爲中伏立秋後初庚爲末伏故曰三伏伏者謂陰氣將起追放殘陽而未得升故爲藏伏因名伏日漢以大寒後戌日爲臘也詳見平帝元始五年註 烹羊炰羔ᄒᆞ야 斗酒自勞가라 炰步交反炙也勞來到反 酒後耳熱이어든 猶言酒力酣暢也 仰天拊缶 拊方武反拍也缶方久反瓦器也擊之以節歌 而呼烏烏ᄒᆞ니 李斯上書曰擊甕叩缶彈箏拊缶而呼烏烏快耳目者眞秦聲也是關中舊有此曲 其詩에 曰田彼南山ᄒᆞ니 山高而在陽人君之象 蕪穢不治로다 喩朝廷荒亂也治平聲 種一頃豆러니 喩百官也豆者貞實之物當在倉困 落而爲萁로다 萁豆莖零落在野喩己見放棄也楚昭王奉金幣聘孔子孔子乃歌曰大道隱兮禮爲萁賢人竄兮將待時 人生行樂耳니 須富貴何時오 誠荒淫無度ᄒᆞ야 不知其不可也로다

(烏烏)南山種豆歌目烏烏秦聲楊惲傳曰家本秦故能爲秦聲

(不知其不可)言自謂爲可也

會宗에게報ᄒᆞᆫ書에曰過가大ᄒᆞ야戲를行ᄒᆞ니맛당이農夫가되여써世를沒ᄒᆞᆯ지라田家에셔苦를作ᄒᆞ야歲時伏臘에羊을烹ᄒᆞ고羔를炰ᄒᆞ야斗酒로스ᄉᆞ로勞ᄒᆞ다가酒後에耳가熱ᄒᆞ거든天을仰ᄒᆞ야缶를拊ᄒᆞ고烏烏를呼ᄒᆞ니그詩에曰져南山에田ᄒᆞ니蕪穢ᄒᆞ야治치못ᄒᆞ도다一頃豆를種ᄒᆞ엿더니落ᄒᆞ야萁가되도다人生이樂을行ᄒᆞᆷ이니須히富貴ㅣ何時오誠히荒淫ᄒᆞ고度가無ᄒᆞ야그不可ᄒᆞᆷ을知치못ᄒᆞ겟도다

會에 有日食之變이어늘 騶馬猥佐成이 上書告惲이 驕奢不悔過

(猥佐成)註主猥馬

ᄒᆞ니日食之咎ᄂᆞᆫ此人所致니이다章下廷尉按驗ᄒᆞ야得所予會宗書

라帝ㅣ見而惡之ᄒᆞ야惲을以大逆無道로腰斬ᄒᆞ다 出本傳

會에日食의變이有ᄒᆞ거ᄂᆞᆯ騶馬猥佐成이書ᄅᆞᆯ上ᄒᆞ야告ᄒᆞ되惲이驕奢ᄒᆞ고過ᄅᆞᆯ悔치아니ᄒᆞ니日食의咎ᄂᆞᆫ此人의致ᄒᆞᆫ바니이다廷尉에게章下ᄒᆞ야按驗ᄒᆞ야會宗에게予ᄒᆞᆫ바書ᄅᆞᆯ得ᄒᆞᆫ지라帝ㅣ見ᄒᆞ고惡ᄒᆞ야惲을大逆無道로써腰ᄅᆞᆯ斬ᄒᆞ다

溫公曰以孝宣之明魏相丙吉爲丞相于定國爲廷尉而趙蓋韓楊之死皆不厭衆心惜哉其爲善政之累大矣周官司寇之法有議賢議能若廣漢延壽之治民可不謂能乎寬饒惲之剛直可不謂賢乎然則雖有死罪猶將宥之況罪不足以死乎楊子雲以韓馮翊之愬蕭爲臣之自失夫所以使延壽犯上者望之激之也上不之察而延壽獨蒙其辜不亦甚哉

(戊辰)甘露元年이라楊惲之誅也에公卿이奏호대京兆尹張敞은惲之黨友ㅣ니不宜處位라ᄒᆞ야ᄂᆞᆯ上이惜敞材ᄒᆞ야獨寢其奏ᄒᆞ고不下ᄒᆞ다

甘露元年이라楊惲이誅ᄒᆞᆷ에公卿이奏ᄒᆞ되京兆尹張敞은惲의黨友니位에處ᄒᆞᆷ이宜치안타ᄒᆞ야ᄂᆞᆯ上이敞의材ᄅᆞᆯ惜ᄒᆞ야ᄒᆞᆯ로其奏ᄅᆞᆯ寢ᄒᆞ고下치안타

敞이使掾絮舜으로 絮女居反絮舜姓名捕賊掾也姓苑絮尼據反 有所案驗이러니舜이私歸其家曰五日京兆耳니 言不久當去京兆尹 安能復按事리오敞이聞舜語ᄒᆞ고卽部吏ᄒᆞ야收舜繫獄ᄒᆞ야晝夜驗治ᄒᆞ야竟致其死ᄒᆞ다舜이當出死에敞이使主簿로

吏也有佐有史成其名也

(寢)息也

(掾)官屬之類

(五日京兆)言在位不久也

持敎告舜曰五日京兆ㅣ 竟何如오 冬月이 已盡ᄒᆞ니 延命乎아 乃
棄舜市ᄒᆞ다

敞이掾絮舜으로ᄒᆞ여곰案驗ᄒᆞᆫ바이有ᄒᆞ더니舜이私로그家에歸ᄒᆞ여曰五日京兆ㅣ니웃지能히다시事를按ᄒᆞ리오敞이舜의語를聞ᄒᆞ고部吏에即ᄒᆞ야舜을收ᄒᆞ야獄에繫ᄒᆞ야晝夜로驗治ᄒᆞ야竟히그死에致ᄒᆞ다舜이出死에當ᄒᆞᆷ에敞이主簿로ᄒᆞ여곰敎를持ᄒᆞ고舜에게告ᄒᆞ여曰五日京兆ㅣ맛ᄎᆞᆷ너웃더ᄒᆞᆫ고冬月이임의盡ᄒᆞ니命을延ᄒᆞᆯ랴아에舜을市에棄ᄒᆞ다

會立春에 行寃獄使者ㅣ 出이어ᄂᆞᆯ (會適遇也行去聲按行也言此事適遇使者出使者即刺史也律立春後不行刑故遣使者按行寃獄) 舜家ㅣ 載尸ᄒᆞ고 幷編敞敎ᄒᆞ야 自言ᄒᆞᆫ대 使者ㅣ 奏敞이 賊殺不辜라ᄒᆞ야 免爲庶人ᄒᆞ니 敞이 詣闕上印綬ᄒᆞ고 便從闕下亡命이러니 數月에 京師吏民이 解弛ᄒᆞ야 枹鼓ㅣ 數起ᄒᆞ고 (枹風無反枹音桴擊鼓杖也擊鼓所以警衆數頻也數起者言偸盜之多也) 而冀州部中에 有大賊이어ᄂᆞᆯ

맛ᄎᆞᆷ立春에寃獄을行ᄒᆞᄂᆞᆫ使者ㅣ出ᄒᆞ거ᄂᆞᆯ舜의家ㅣ尸에載ᄒᆞ고幷히敞의敎를編ᄒᆞ야스ᄉᆞ로言ᄒᆞᆫ대使者ㅣ敞이不辜를賊殺ᄒᆞ엿다奏ᄒᆞ야免ᄒᆞ야庶人을ᄉᆞᆷ으니敞이闕에詣ᄒᆞ야印綬를上ᄒᆞ고믄득闕下로從ᄒᆞ야命을亡ᄒᆞ엿더니數月에京師吏民

(即家)就家也

(裝隨使者)裝治行而隨使者

(公車)掌宮南闕門凡吏民上章四方貢獻及徵詣公車

이解弛ᄒᆞ야枹鼓ㅣ자조起ᄒᆞ고冀州部中에大賊이有ᄒᆞ거늘
天子ㅣ思敞功效ᄒᆞ야使者로即家召敞ᄒᆞ니敞이身被重劾이라及使者至에妻子ㅣ皆泣호대而敞이獨笑曰吾身이亡命爲民ᄒᆞ니郡吏ㅣ當就捕어늘今使者來ᄒᆞ니此는天子ㅣ欲用我也로다
天子ㅣ敞의功效를思ᄒᆞ야使者로家에即ᄒᆞ야敞을召ᄒᆞ니敞이몸에重劾을被ᄒᆞᆫ지라使者ㅣ至홈에及ᄒᆞ야妻子ㅣ다泣호ᄃᆡ敞이홀로笑ᄒᆞ야曰吾身이命을亾ᄒᆞ고民이되니郡吏ㅣ맛당이就捕ᄒᆞ겟거늘今에使者ㅣ來ᄒᆞ니此는天子ㅣ我를用코져ᄒᆞ심이로다
裝隨使者ᄒᆞ야詣公車上書曰臣이前에幸得備位列卿ᄒᆞ야待罪京兆ㅣ라가坐殺掾絮舜ᄒᆞ니舜은本臣敞의素所厚吏라以臣으로有章劾當免이라ᄒᆞ야謂臣五日京兆라ᄒᆞ고背恩忘義어늘臣이枉法誅之호니雖伏明法이라도死無所恨이니이다天子ㅣ引見敞ᄒᆞ고拜爲冀州刺史ᄒᆞ니敞이到部에盜賊이屛迹이러라 出敞本傳
裝ᄒᆞ고使者를隨ᄒᆞ야公車에詣ᄒᆞ야書를上ᄒᆞ여曰臣이前에幸히備位列卿홈을得

ᄒᆞ야罪를京兆에서待ᄒᆞ다가據絜舜을殺ᄒᆞᆷ에坐ᄒᆞ니舜은本臣敞의본대厚히한바吏라臣으로써章劾이잇서맛당이免ᄒᆞ리라ᄒᆞ야臣을五日京兆라謂ᄒᆞ고恩을背ᄒᆞ고義를忘ᄒᆞ거늘臣이法을枉ᄒᆞ고誅ᄒᆞ니비록明法에伏ᄒᆞ드라도死ᄒᆞ대恨ᄒᆞᆯ바이업ᄂᆞ이다天子ㅣ引ᄒᆞ야敞을見ᄒᆞ고拜ᄒᆞ야冀州刺史를숨으니敞이部에到ᄒᆞᆷ에盜賊이屛迹ᄒᆞ더라

皇太子ㅣ柔仁好儒ㅣ라見上所用이多文法吏ᄒᆞ야以刑名繩下ᄒᆞ고嘗侍燕에從容言ᄒᆞ대陛下ㅣ持刑大深ᄒᆞ시니宜用儒生이니이다帝ㅣ作色曰漢家ㅣ自有制度ᄒᆞ야本以霸王道로雜之ᄒᆞ니奈何純任德敎ᄒᆞ야用周政乎아且俗儒ㅣ不達時宜ᄒᆞ고好是古非今ᄒᆞ야使人眩(胡眩反)於名實ᄒᆞ야不知所守ᄒᆞ니何足委任이리오乃歎曰亂我家者ᄂᆞᆫ太子也ㅣ로다 (出元帝紀)

皇太子ㅣ柔仁ᄒᆞ고儒를好ᄒᆞᄂᆞᆫ지라上의用ᄒᆞᄂᆞᆫ바이文法吏가多ᄒᆞ야刑名으로써下를繩ᄒᆞᆷ을見ᄒᆞ고嘗해侍ᄒᆞ야燕ᄒᆞᆷ에從容이言ᄒᆞ대陛下ㅣ刑을持ᄒᆞ심이大히深ᄒᆞ시니儒生을用ᄒᆞᆷ이宜ᄒᆞ니이다帝ㅣ作色ᄒᆞ야日漢家ㅣᄉᆞᄉᆞ로制度가잇서本이霸王道로써雜ᄒᆞ니웃지純히德敎를任ᄒᆞ야周政을用ᄒᆞ랴또俗儒ㅣ時宜를達치못

(燕)安也閑也 (作色)怒變色也

호고古를是호고今을非호기好호야人으로하여곰名實에眩호야守홀바를知치못호니웃지足히委任호리오이에歎호야曰我家를亂홀者는太子로다

溫公曰王霸無異道皆本仁祖義任賢使能賞善罰惡禁暴誅亂顧名位有尊卑德澤有深淺功業有鉅細耳非若黑白甘苦之相反也漢之所以不能復三代之治者由人主之不爲非先王之道不可復行於後世也夫儒有君子有小人彼俗儒者誠不足與爲治也獨不可求眞儒而用之乎稷契皐陶伯益伊尹周公孔子皆大儒也使漢得而用之功烈豈若是而止耶孝宣謂太子懦而不立闇於治體必亂我家則可矣乃曰王道不可行儒者不可用豈不過甚矣哉殆非所以訓示子孫垂法將來者也

戴溪曰致治成法百王所同參周秦之法而并用之此漢宣帝所謂家法也且彼天下焉有家法又焉有天下法周家忠厚自有天地以來未之有改也廼曰此成周之家法也可乎秦人反上古之道行一切之政自不能保其家安有其法漢至宣帝且六世矣漢豈有法可守哉因時制宜隨其君之資而雜出於德敎功利之間一得一失迭爲治亂而已豈復眞以雜霸爲法也宣帝習見文景之寬厚孝武之材畧以爲漢之家法純駁若此此霸王之道也欲使其子孫憑藉而世守之亦過矣漢之法非壞於元帝也宣帝之法不可繼也天有五材而盡用之其弊也不可復振綜核操切之餘勢已極矣惡保其往乎漢宣帝唐高宗皆以聰明聽察爲治其盛也皆足以中興及其旣弊亦終焉而已矣故唐之群盜皆生於大中之朝而王氏代漢之兆亦萌於呼韓來朝之歲此豈所謂天道者耶

新增胡氏曰帝王之德莫不本於格物致知以誠其意正心修身以齊其家若夫正朝廷正百官以正萬民則自是而推之耳內外本末精粗先後非有殊治也若夫五霸則異是矣其果有格物致知之學乎其意果誠心果正身果修而家果齊乎其所以行之者果與唐虞夏后商周之敎比類乎以是考之王道霸術正猶美玉碔砆之不可同年而語也司馬氏譏宣帝言王道不可行儒者不可用是矣而謂王霸無異道不亦誤乎

張南軒曰自高祖取天下固以天下爲己利而非若湯武吊民伐罪之心故其即位之後反者數起而莫之禁利之所在固其所趨也至其立國規模大抵皆因秦舊而無復三代封建井田公共天下心矣其合於王道者如約法三章爲義帝發喪要亦未免有假之意其誠不孚也則其雜霸固有自來夫王道如精金美玉豈容雜也雜之則是亦霸而已矣惟文帝天資爲近之然其薰習操術亦雜於黃老刑名攷其施設動皆有術但其資美而術高耳深攷自可見至於宣帝則又霸之下者桓文之罪人也西京之亡自宣帝始盖文景養民之意至是而盡消靡矣且宣帝豈眞知所謂德敎者哉而以爲不可用也如元帝之好儒生盖竊其近似之名委靡柔懦敗壞天下者其何德敎之云

夫惟王者之政其心本乎天理建立人紀施於萬事仁立義行而無偏弊未嘗眞知王道顧曰儒生之說迂潤而難行盖亦未之思也

(己巳)二年이라匈奴呼韓邪單于ㅣ款五原塞ᄒᆞ야(款叩也叩塞門來服從也五原郡楡林塞也在勝州楡林縣西四十里五原本秦九原郡今大同路豊州是)願奉國珍朝어ᄂᆞᆯ(奉獻也國珍謂其國中所産珍寶)詔議其儀ᄒᆞ니丞相御史ㅣ曰宜如諸侯王호대位次ᄂᆞᆫ在下ㅣ니이다太傅蕭望之ㅣ以爲宜待以不臣之禮ᄒᆞ야位諸侯王上이니이다天子ㅣ采之ᄒᆞ야令單于로位在諸侯王上ᄒᆞ고贊謁에稱臣而不名ᄒᆞ다(出望之傳)

二年이라匈奴呼韓邪單于ㅣ五原塞를款ᄒᆞ야國珍을奉ᄒᆞ고朝ᄒᆞ기願ᄒᆞ거ᄂᆞᆯ詔ᄒᆞ야그儀를議ᄒᆞ니丞相御史ㅣ曰맛당이諸侯王과갓치호ᄃᆡ位次ᄂᆞᆫ下에在ᄒᆞᆯ지니이다太傅蕭望之ㅣ써ᄒᆞ되맛당이不臣의禮로써待ᄒᆞ야諸侯王上에位ᄒᆞᆯ지니이다天子ㅣ采ᄒᆞ야單于로ᄒᆞ여곰位를諸侯王上에在ᄒᆞ고贊謁에臣을稱ᄒᆞ고名치안케ᄒᆞ다

(贊謁)贊見也進見也

荀悅論曰春秋之義王者無外欲一于天下也戎狄道里遼遠人迹介絶故正朔不及禮敎不加非尊之也其勢然也詩曰自彼氐羌莫敢不來王故要荒之君必奉王貢若不供職則有辭責號令加焉非敵國之謂也望之欲待以不臣之禮加之王公之上僭度失序以亂大常非禮也若以權時之宜則異論矣

(庚午)三年이라匈奴呼韓邪單于ㅣ來朝ᄒᆞ다

三年이라匈奴呼韓邪單于ㅣ와서조회ᄒᆞ다

班固匈奴傳贊曰書戒蠻夷猾夏詩稱戎狄是膺春秋有道守在四夷久矣夷狄之爲患也故自漢興忠言嘉謀之臣曷嘗不運籌策相與爭於廟堂之上乎高祖時劉敬呂后時樊噲季布孝文時賈誼鼂錯孝武時王恢韓安國朱買臣公孫弘董仲舒人持所見各有同異然總其要歸兩科而已縉紳之儒則守和親介冑之士則言征伐要皆偏見一時之利害而未究匈奴之終始也自漢興以至於今有修文而和親之矣有用武而克伐之矣有卑下而承事之矣有威武而臣畜之矣詘伸異變彊弱相反是故其詳可得而言也昔劉敬約和親賂遺匈奴冀以救安邊境孝惠高后時遵而不違而單于反加驕倨至于孝文與通關市妻以漢女增厚其賂而匈奴數背約束邊境屢被其害是以文帝中年赫然發憤遂躬戎服親御鞍馬從六郡良家材力之士馳射上林講習戰陣聚天下精兵軍於廣武顧問馮唐與論將帥喟然歎息思古名臣此則和親無益已然之明效也仲舒親見四世之事猶欲復守舊文頗增其約與之厚幣以沒溺也其意與盟於天以堅其約質其愛子以累其心當孝武時雖征伐克獲而士馬物故亦略相當匈奴人民每來降漢單于亦輒拘留漢使以相報復其桀驁尙如斯安肯以愛子而爲質乎此不合當時之言也夫邊城不選守境武略之臣修障隧備塞之具厲長戟勁弩之械恃吾所以待邊寇而務賦斂於民遠行貨賂割剝百姓以奉寇讎信甘言守空約而幾音冀胡馬之不窺不已過乎至孝宣之世承武帝奮擊之威値匈奴百年之運因其壞亂幾亡之厄權時施宜覆以威德然後單于稽首臣服遣子入侍三世稱藩賓於漢庭是時邊城安閒牛馬布野三世無犬吠之警杓古黎字庶無干戈之役後六十餘載遭王莽簒位始開邊隙單于由是歸怨自絕邊境之禍構矣夫規事建議不圖萬世之固而媮恃一時之事者未可以經遠也若乃征伐之功秦漢行事嚴尤論之詳矣是故聖王禽獸畜之不與約誓不欲攻伐約之則費賂而見欺攻之則勞師而招寇其地不可耕而食也其民不可臣而畜也是以外而不內疎而不戚政敎不及其人正朔不加其國來則懲而御之去則備而守之其慕義而獻貢則接之以禮讓羈縻不絕使曲在彼蓋聖王制蠻夷之常道也

先時에自烏孫以西로至安息諸國近匈奴者ㅣ皆畏匈奴而輕漢이러니及呼韓邪單于ㅣ朝漢後로咸尊漢矣러라

先時에烏孫써西로브터安息諸國에至ᄒᆞ야匈奴에近ᄒᆞᆫ者ㅣ다匈奴을畏ᄒᆞ고漢을

輕히ᄒᆞ더니잇呼韓邪單于ㅣ漢에朝ᄒᆞᆫ後로다漢을尊ᄒᆞ더라

上이以戎狄이賓服으로思股肱之美ᄒᆞ야乃圖畫其人於麒麟閣ᄒᆞ야法其形貌ᄒᆞ고署其官爵姓名ᄒᆞ대唯霍光은不名曰大司馬大將軍博陸侯姓霍氏라ᄒᆞ고其次는張安世、韓增、趙充國、魏相、丙吉、杜延年、劉德、梁丘賀、蕭望之、蘇武凡十一人이니皆以功德으로知名當世라是以로表而揚之ᄒᆞ야明著中興輔佐ᄒᆞ야列於方叔、召虎、仲山甫焉ᄒᆞ니라 出趙充國傳

上이戎狄이賓服홈으로ᄡᅥ股肱의美를思ᄒᆞ야이에그人을麒麟閣에圖畫ᄒᆞ야그形貌를法ᄒᆞ고그官爵姓名을署ᄒᆞ대오쟉霍光은名치안코曰大司馬大將軍博陸侯姓霍氏라ᄒᆞ고그次는張安世、韓增、趙充國、魏相、丙吉、杜延年、劉德、梁丘賀、蕭望之、蘇武무릇十一人이니다功德으로ᄡᅥ名을當世에知ᄒᆞᆫ지라이로ᄡᅥ表ᄒᆞ고揚ᄒᆞ야明히中興輔佐을著ᄒᆞ야方叔、召虎、仲山甫에列ᄒᆞ니라

新增養心吳氏曰慶元間中興輔佐孰優論云定策如博陸齊治如丙魏靖邊如充國置之前列夫誰曰不然安世以謹厚闔延年以安和著蕭望之梁丘賀以文學顯其他如韓如劉亦不過一藝一能之士未見有卓然之功也而蘇武大節凛然乃寘之於群臣之後武之守節如彼其堅也起敬於夷狄如彼其人也序列如彼其卑也帝豈無見於此哉盖麒麟之圖繪正遠人觀聽之所係彼其平日之所畏慕者知有武而已一旦顧瞻傑閣歷數元勳而疇昔

敬畏之人乃眇然特居羣臣之後必相顧駭愕私相告語以中郎之大節如此且居群臣之下則凡偎然其右者其功德顧可量歟將益信中國人才之盛而隱然有虎豹在山之勢矣夫如是寧不足以示中國之大而杜外夷窺伺之心耶

詔諸儒하야講五經同異할새（釋義王氏曰施讎論易周堪孔霸論書薛廣德論詩戴聖論禮公羊則嚴彭祖穀梁則尹更始同異者謂與經旨合否也）蕭望之等이平奏其議어늘（釋義平議無所可否）上이親稱制臨決焉하고（釋義七制解云稱制即制曰是也自臨視其論議而斷決可否）乃立梁丘易（釋義梁丘複姓名賀字長翁琅琊縣人從京房受易帝聞京房易明求其門人而得賀）大小夏侯尙書（釋義夏侯複姓大夏侯名勝字長公東平人其先夏侯都尉從濟南張生受尙書以傳族子始昌始昌傳勝小夏侯名建字長卿勝之從父子也勝以書受建建又事歐陽高由是尙書有大小夏侯之學）穀梁春秋（釋義穀梁複姓名淑一名赤字元始魯人何休曰孔子至聖却觀無窮知秦將必燔書故以春秋之說口授子夏子夏授之穀梁穀梁爲經作傳以授孫卿卿授申公申公授江翁其榮廣大善穀梁以傳蔡千秋宣帝好穀梁乃擢千秋爲郎）博士하다（出本傳）

（博士）掌通古今

諸儒에게詔하야五經同異를講한대蕭望之等이그議를平奏하거늘上이親이制를稱하야臨하야決하고이에梁丘易大小夏侯尙書穀梁春秋博士를立하다

（壬申）黃龍元年이라帝ㅣ崩하고太子ㅣ卽皇帝位하다

黃龍元年이라帝ㅣ崩하고太子ㅣ皇帝位에卽하다

贊曰孝宣之治信賞必罰綜核名實政事文學法理之士咸精其能至于技巧工匠器械自元成間鮮能及之亦足以知吏稱其職民安其業也遭値匈奴乖亂推亾固存信威北夷單于慕義稽首稱藩功光祖宗業垂後嗣可謂中

興侔德殷
宗周宣矣

敘傳曰中宗明明寅用刑名時擧傳約聽斷惟精柔遠能邇燀燿威靈龍荒朔幕莫不來庭丕顯祖烈尙于有成

公孫弘贊曰孝宣承統纂修鴻業講論六藝招選茂異而蕭望之梁丘賀夏侯勝韋玄成嚴彭祖尹更始以儒術進劉向王褒以文章顯將相則張安世趙充國魏相丙吉于定國杜延年治民則黃霸王成龔遂鄭弘召信臣韓延壽尹翁歸趙廣漢嚴延年張敞之屬皆有功迹見於世參其名臣亦其次也

東萊呂氏曰申韓之害流毒後世何其遠耶秦始皇二世用之以亡其國趙高李斯用之以亾其身生乎秦之後可以戒矣而漢鼂錯復明申韓佐景律令削七國天下亦幾於亡生乎鼂錯之後者可以重戒矣孝宣復好觀申子君臣之篇所用多文法吏以刑名繩下甘蹈鼂錯之覆轍而不顧焉彼申韓之說其入人深雖明君賢臣陷溺而不能出何也其令行禁止奔走天下誠足以稱快一時也樂其一時之快而不暇顧其他日之害此其說所以盛行於世歟觀宣帝之爲君綜核名實信賞必罰其所以功光祖宗業垂後嗣者盖勵精之效初非申韓之功也至於用恭顯而啓元帝之信宦者貴許史而啓成帝之任外戚殺趙蓋韓楊而啓哀帝之誅大臣開三大釁終以亡國此豈非擇術不審之流弊乎故論其功則爲中興之君論其罪則亦爲基禍之主其功罪相半盖失於欲速而用申韓也昔者聖人亦知遲之不如速鈍之不如利矣然其爲治乃曰王者必世而後仁曰久於其道而天下化成日計不足月計有餘其遲鈍迂濶每不若申韓之遠獨何歟殊不知聖人慮事至精也其擧事厭遲而惡鈍亦與人同也惟其原始要終探端窮本知吾道雖有歲月之遲而終成千百年之安申韓雖有歲月之速而終貽千百年之害故去彼取此也由是論之則莫速於聖人莫遲於申韓莫利於聖人莫鈍於申韓其理甚明宣帝不知此理反非太子用儒之諫豈天未欲斯民見三代之治耶

前卷 註解

(壬戌)知大體吉嘗出逢羣鬪死傷不問逢牛喘使問逐牛幾里或譏吉失問吉曰民鬪京兆所當禁宰相不親小事非所當問方春未可熱恐牛近行困暑故喘此時氣失節三公調陰陽職當憂時人爲知大體癸亥臘(冬祭)也漢以

大寒後戌日爲臘記月令孟冬臘先祖按臘獵也取禽獸祭先祖重本始也曆家以運墓爲臘如漢火運墓於戌故以戌爲臘火運墓戌者金胞起寅木胞起申水土胞起巳火胞起亥而胞胎養生浴帶官旺衰病死葬周列十二支葬即墓也說文漢以冬至後三戌爲臘臘合也合祭諸神蔡邕獨斷云殷曰淸祀周曰蜡秦曰嘉平漢曰臘又云臘接也新舊交接謂之臘大祭以報功也玉燭寶典曰臘者祭先祖也蜡者報百神同日異祭秦初曰臘後改嘉平

漢紀

孝元皇帝 (名奭宣帝長子) 在位十六年 壽四十三 (牽制文義優游不斷孝宣之業衰焉)

(癸酉)初元元年이라 上이 素聞王吉貢禹ㅣ皆明經潔行ᄒᆞ고 遣使者徵之ᄒᆞᆫ대 吉은 道病卒ᄒᆞ고 禹는 至어ᄂᆞᆯ 拜爲諫大夫ᄒᆞ고 上이 數虛己ᄒᆞ야 問以政事ᄒᆞᆫ대 禹ㅣ 奏言ᄒᆞᆫ대 古者에 人君에 節儉ᄒᆞ야 什一而稅ᄒᆞ고 亡他賦役이라 故로 家給人足ᄒᆞ니 臣愚는 以爲如太古는 難이로대 宜少放古ᄒᆞ야 以自節焉이라ᄒᆞ노이다 天子ㅣ 納善其言ᄒᆞ야 (出貢禹本傳) 詔令諸宮館希御幸者ᄅᆞᆯ 勿繕治ᄒᆞ고 太僕에 減穀食馬ᄒᆞ고 水衡에 (水衡都尉主都水及上林苑) 省肉食獸ᄒᆞ다 (出本傳)

初元元年이라 上이 본ᄃᆡ 王吉과 貢禹ㅣ 다 經에 明ᄒᆞ고 行을 潔홈을 聞ᄒᆞ고 使者ᄅᆞᆯ 遣ᄒᆞ야 徵ᄒᆞᆫ대 吉은 道에셔 病ᄒᆞ야 卒ᄒᆞ고 禹는 至ᄒᆞ거ᄂᆞᆯ 拜ᄒᆞ야 諫大夫ᄅᆞᆯ 삼고 上이 자

行義悅文曰元

(放古)註 放效也

(御幸)衣服飮食妃妾及愛幸者

(減穀)減謂損其數也

(省肉)省謂全去之

(陳王事)目陳王者之事

조己를虛ᄒᆞ야政事로써問ᄒᆞᆫ딕禹ㅣ言은奏ᄒᆞ딕古者에人君이節儉ᄒᆞ야什에一을稅ᄒᆞ고다른賦役이亾ᄒᆞᆫ지라故로家가給ᄒᆞ고人이足ᄒᆞ니臣愚는써ᄒᆞ되太古갓기는難ᄒᆞ딕맛당이져이古를放ᄒᆞ야써스ᄉᆞ로節ᄒᆞᆯ지라ᄒᆞ노이다天子ㅣ그言을納善ᄒᆞ야詔ᄒᆞ야하여곰諸宮館과希御幸者를繕治치말고太僕에穀食馬를減ᄒᆞ고水衡에肉食獸를省ᄒᆞ다

溫公曰忠臣之事君也責其所難則其易者不勞而正補其所短則其長者不勸而遂孝元踐位之初虛心以問禹禹宜先其所急後其所緩然則優游不斷讒佞用權當時之大患也而禹不以爲言恭謹節儉孝元之素志也而禹孜孜言之何哉使禹之智不足以知烏得爲賢知而不言爲罪愈大矣新增通鑑筆義曰嗟夫漢元帝唐文宗寬厚恭儉有人君之德而受制閹宦百度癈弛賢不肖雜亂賞罰倒置經終身泯默至於不振可哀也 巳故五予嘗謂漢之業所以遂衰而不振者元帝柔弱之過漢之祚所以既亡而復興者元帝恭儉之功

(甲戌)二年이라史高ㅣ以外屬으로領尙書事ᄒᆞ고蕭望之와周堪이皆以師傅舊恩으로天子ㅣ任之ᄒᆞ야數宴見에言治亂陳王事ᄒᆞ니라望之ㅣ選白宗室의明經有行劉更生ᄒᆞ야(劉更生向也)與金敞으로並拾遺左右ᄒᆞ니史高는充位而已라由是로與望之有隙이러라

二年이라史高ㅣ外屬임으로써尙書事를領ᄒᆞ고蕭望之와周堪이다師傅舊恩임으로써天子ㅣ任ᄒᆞ야자조宴見ᄒᆞᆷ에治亂을言ᄒᆞ고王事를陳ᄒᆞ더니望之ㅣ宗室의明

經有行ᄒᆞᆫ劉更生을選白ᄒᆞ야金敞으로並히左右를拾遺ᄒᆞ니史高ᄂᆞᆫ位를充ᄒᆞᆯ다름
이라是로由ᄒᆞ야望之로더부러隙이有ᄒᆞ더라

弘恭石顯이自宣帝時로久典樞機ᄒᆞ야明習文法이러니帝ㅣ卽位에
多疾이라委以政事ᄒᆞ니望之等이患苦許史放縱ᄒᆞ고又疾恭顯擅
權ᄒᆞ야建白以爲中書ᄂᆞᆫ政本이오(建議而告白於上) 國家樞機니宜以通明公
正으로處之니이다武帝ㅣ遊宴後庭이라故로用宦者ᄒᆞ시니非古制也라宜
罷中書宦官ᄒᆞ야應古不近刑人之義니이다(公羊傳襄二十九年君子不近刑人近刑人則輕死之道也註云刑人不自賴也)
由是로大與高恭顯으로忤러라(出石顯及蕭望之傳)

弘恭石顯이宣帝時로부터오리樞機를典ᄒᆞ야文法에明習ᄒᆞ더니帝ㅣ位에卽ᄒᆞᆷ에
疾이多ᄒᆞᆫ지라政事로써委ᄒᆞ니望之等이許史가放縱ᄒᆞᆷ을患苦ᄒᆞ고ᄯᅩ恭과顯이擅
權ᄒᆞᆯ가疾ᄒᆞ야建白ᄒᆞ야써ᄒᆞ되中書ᄂᆞᆫ政本이오國家樞機니맛당이通明公正ᄒᆞᆷ으
로써處ᄒᆞᆯ지니이다武帝ㅣ後庭에游宴ᄒᆞᆫ지라故로宦者를用ᄒᆞ시니古制가아니라
맛당이中書宦官을罷ᄒᆞ야古의刑人을近치아니ᄒᆞᆫ義를應ᄒᆞᆯ지니이다是로由ᄒᆞ야
大히高와恭과顯으로더부러忤ᄒᆞ더라

恭顯이因奏望之堪更生이朋黨ᄒᆞ야毁離親戚ᄒᆞ고欲以專擅權

勢ᄒᆞ니 請召致廷尉ᄒᆞ노니다 上이 曰蕭太傅ㅣ 素剛ᄒᆞ니 安肯就吏리오 顯等이 曰人命이 至重ᄒᆞ니 望之所坐를 語言薄罪면 必無所憂ㅣ리이다 上이 乃可其奏ᄒᆞ니 使者ㅣ 召望之ᄒᆞᆫᄃᆡ 望之ㅣ 仰天歎曰吾ㅣ 嘗備位將相ᄒᆞ야 年踰六十矣라 老入牢獄ᄒᆞ야 苟求生活이 不亦鄙乎아ᄒᆞ고 飮鴆自殺(鴆直禁反)ᄒᆞ니 天子ㅣ 聞之ᄒᆞ고 驚拊手曰曩에 固疑其不就牢獄이려니 果然殺吾賢傳왜라

恭과顯이因ᄒᆞ야奏호ᄃᆡ望之와堪과更生이朋黨ᄒᆞ야親戚을毁離ᄒᆞ고써權勢를專擅코져ᄒᆞ니請컨ᄃᆡ召ᄒᆞ야廷尉에致ᄒᆞ겟노이다上이曰蕭太傅ㅣ본ᄃᆡ剛ᄒᆞ니웃지질겨吏에就ᄒᆞ리오顯等이曰人命이至重ᄒᆞ니望之의坐ᄒᆞᆫ바를言語薄罪라ᄒᆞ면바다시憂ᄒᆞᆯ바이업스리이다上이이에그奏를可타ᄒᆞ니使者ㅣ望之를召ᄒᆞᆫ대望之ㅣ天을仰ᄒᆞ고歎ᄒᆞ여曰吾ㅣ嘗히位ㅣ將相에備ᄒᆞ야年이六十이踰ᄒᆞᆫ지라老에牢獄에入ᄒᆞ야구차히生活을求ᄒᆞᆷ이ᄯᅩᄒᆞᆫ鄙치아느냐ᄒᆞ고鴆을飮ᄒᆞ고스ᄉᆞ로殺ᄒᆞ니天子ㅣ듯고놀나手를拊ᄒᆞ며曰曩에진실로그牢獄에就치아니ᄒᆞᆯ가疑ᄒᆞ엿더니果然吾의賢傳를殺ᄒᆞ엿패라

溫公曰甚矣孝元之爲君易欺而難寤也夫恭顯之譖郟望之其邪說詭計誠有所不能辨也至於始疑望之不肯就獄恭顯以爲必無憂已而果自殺則恭顯之欺亦明矣在中智之君孰不感動奮發已底邪臣之罰孝元則不然雖涕泣不食以傷望之而終不能誅恭顯纔得其免冠謝而已如此則姦臣安所懲乎是使恭顯得肆其邪心而無復忌憚者也

初에武帝ㅣ滅南越ᄒᆞ고置珠厓儋耳郡ᄒᆞ니在海中洲上ᄒᆞ야率數年에一反이러니上이即位之明年에珠厓山南縣이反이어ᄂᆞᆯ上이博謀於羣臣ᄒᆞ야欲大發軍擊之러니待詔賈捐之ㅣ曰臣은聞堯舜禹之聖德에地方이不過數千里로대東漸于海ᄒᆞ고西被流沙ᄒᆞ고朔南에暨聲教ᄒᆞ니 釋義書禹貢孔氏曰此言五服之外皆與王者聲教而朝見也漸子廉反朔南北方也蔡氏傳曰漸漬也被覆也地有遠近故言有淺深聲謂風聲教謂教化王氏曰按五代晉高居誨使于闐記自靈州過黃河待三十里始涉沙人党貢界自此沙行四百餘里登沙嶺渡白亭河至涼州自涼州西五百里至甘州西始涉磧磧北無水西五百里至肅州渡金河西百里出天門關又西百里出玉門關西至爪州南十里鳴沙山冬夏殷殷有聲如雷禹貢云言流沙也 言欲預聲教則治之ᄒᆞ고不欲預者ᄂᆞᆫ不强治也ㅣ니臣은願遂棄珠厓ᄒᆞ고專用恤關東으로爲憂ᄒᆞ노이다上이從之ᄒᆞ다 出捐之本傳

初에武帝ㅣ南越을滅ᄒᆞ고珠厓와儋耳郡을置ᄒᆞ니海中洲上에在ᄒᆞ야대져數年에ᄒᆞᆫ번식反ᄒᆞ더니上이位에即ᄒᆞᆫ지明年에珠崖와山南縣이反ᄒᆞ거ᄂᆞᆯ上이博히羣臣에게謀ᄒᆞ야크게軍을發ᄒᆞ고擊코져ᄒᆞ더니待詔賈捐之ㅣ曰臣은聞ᄒᆞ니堯舜禹

(關東爲憂)註捐之傳今天下獨有關東連年流離相枕於道路以至放妻賣子

不能禁止此是社稷之憂也

의盛德에地方이數千里에過치안으되東은海에漸ᄒᆞ고西ᄂᆞᆫ流沙를被ᄒᆞ고朔南에聲敎ㅣ曁ᄒᆞ니言컨ᄃᆡ聲敎를預코져ᄒᆞᆫ則治ᄒᆞ고預코져안ᄂᆞᆫ者ᄂᆞᆫ强히治치못ᄒᆞᄂᆞ니臣은願컨ᄃᆡ드ᄃᆡ여珠崖를棄ᄒᆞ고專히써關東을恤홈으로憂ᄒᆞ노이다上이從ᄒᆞ다

(乙亥)三年이라春에詔罷珠厓ᄒᆞ다

三年이라春에詔ᄒᆞ야珠厓를罷ᄒᆞ다

(戊寅)永光元年이라秋에上이酎祭宗廟ᄒᆞᆯ서(酎直祐反上時掌反獻也酎三重釀酒也漢制正月旦作酒八月乃熟名曰酎以獻宗廟)出便門ᄒᆞ야欲御樓船이어ᄂᆞᆯ薛廣德이當乘輿車ᄒᆞ야免冠頓首曰宜從橋ㅣ니이다詔曰大夫ᄂᆞᆫ冠ᄒᆞ라廣德이曰陛下ㅣ不聽臣ᄒᆞ시면臣은自刎ᄒᆞ야(武粉反)以血로汙車輪ᄒᆞ리니陛下ㅣ不得入廟矣시리이다上이不說이어ᄂᆞᆯ光祿大夫張猛이進曰臣은聞主聖臣直이라ᄒᆞ니乘船은危ᄒᆞ고就橋ᄂᆞᆫ安이라聖主ᄂᆞᆫ不乘危ᄒᆞᄂᆞ니御史大夫言을可聽이니이다上이曰曉人이不當如是耶아ᄒᆞ고乃從橋ᄒᆞ다(出廣德傳)

永光元年이라秋에上이宗廟에酎ᄒᆞ야祭ᄒᆞᆯ시便門을出ᄒᆞ야樓船을御코져ᄒᆞ거ᄂᆞᆯ薛廣德이乘輿車를當ᄒᆞ야冠을免ᄒᆞ고首를頓ᄒᆞ고曰橋를從홈이宜ᄒᆞ니이다詔ᄒᆞ

야日大夫ᄂᆞᆫ冠ᄒᆞ라廣德이曰陛下ㅣ臣을聽치아니ᄒᆞ시면臣은ᄉᆞᄉᆞ로刎ᄒᆞ야血로써車輪을汚ᄒᆞ리니陛下ㅣ廟에入ᄒᆞᆷ을得지못ᄒᆞ시리이다上이說치안커ᄂᆞᆯ光祿大夫張猛이進ᄒᆞ야曰臣은聞ᄒᆞ니主가聖ᄒᆞ면臣이直ᄒᆞ다ᄒᆞ니乘船은危ᄒᆞ고就橋ᄂᆞᆫ安ᄒᆞᆫ지라聖主ᄂᆞᆫ危ᄅᆞᆯ乘치안ᄂᆞ니御史大夫言을可히聽ᄒᆞᆯ지니이다上이曰人을曉ᄒᆞᆷ이맛당이이러ᄒᆞ지아니랴ᄒᆞ고이에橋ᄅᆞᆯ從ᄒᆞ다

石顯이**憚周堪張猛等**ᄒᆞ야**數譖毀之**어ᄂᆞᆯ**劉更生**이**懼其傾危**ᄒᆞ야**上書曰臣**은**聞舜命九官**에**濟濟相讓**은**和之至也**ㅣ라**衆臣**이**和於朝則萬物**이**和於野**라**故**로**簫韶九成而鳳凰**이**來儀**러니

石顯이周堪과張猛等을憚ᄒᆞ야자조譖毀ᄒᆞ거ᄂᆞᆯ劉更生이그傾危ᄒᆞᆯ가懼ᄒᆞ야書ᄅᆞᆯ上ᄒᆞ여曰臣은드ᄅᆞ니舜이九官을命ᄒᆞᆷ에濟々ᄒᆞ야셔로讓ᄒᆞᆷ은和의至라衆臣이朝에和ᄒᆞᆫ則萬物이野에和ᄒᆞᄂᆞᆫ지라故로簫韶ㅣ九成ᄒᆞᆷ에鳳凰이來ᄒᆞ야儀ᄒᆞ더니

至周幽厲之際ᄒᆞ야**朝廷**이**不和**ᄒᆞ야**轉相非怨**이라**則日月**이**薄蝕**ᄒᆞ고**水泉**이**沸騰**ᄒᆞ고**山谷**이**易處**ᄒᆞ고**霜降**이**失節**ᄒᆞ니**由此觀之**컨ᄃᆡ**和氣**ᄂᆞᆫ**致祥**ᄒᆞ고**乖氣**ᄂᆞᆫ**致異**라**祥多者**ᄂᆞᆫ**其國**이**安**ᄒᆞ고**異衆者**ᄂᆞᆫ**其國**이**危**

(濟々)盛多貌又盛儀貌
(簫韶)舞樂之總名
(九成)樂之九成猶周禮所謂九變
(薄)迫也謂被掩迫也

ᄒᆞᄂᆞ니天地之常經이오古今之通義也ㅣ니이다

周幽厲의際에至ᄒᆞ야朝廷이和치못ᄒᆞ야轉ᄒᆞ야서로非怨ᄒᆞᄂᆞᆫ지라곳日月이薄蝕ᄒᆞ고水泉이沸騰ᄒᆞ고山谷이處를易ᄒᆞ고霜降이節을失ᄒᆞ니此로由ᄒᆞ야觀컨ᄃᆡ和氣ᄂᆞᆫ祥을致ᄒᆞ고乖氣ᄂᆞᆫ異를致ᄒᆞᄂᆞᆫ지라祥이多ᄒᆞᆫ者ᄂᆞᆫ그國이安ᄒᆞ고異가衆ᄒᆞᆫ者ᄂᆞᆫ其國이危ᄒᆞᄂᆞ니天地의常ᄒᆞᆫ經이오古今의通ᄒᆞᆫ義니이다

正臣이進者ᄂᆞᆫ治之表오正臣이陷者ᄂᆞᆫ亂之機也ㅣ라夫執狐疑之心者ᄂᆞᆫ來讒賊之口ᄒᆞ고持不斷之意者ᄂᆞᆫ開群枉之門ᄒᆞᄂᆞ니讒邪ㅣ進則衆賢이退ᄒᆞ고羣枉이成則正士ㅣ消라故로易有否泰ᄒᆞ니(否皮鄙反)小人道ㅣ長ᄒᆞ고君子道ㅣ消則政日亂ᄒᆞ고君子道ㅣ長ᄒᆞ고小人道ㅣ消則政日治ᄒᆞᄂᆞ니今以陛下明知로誠深思天下之心ᄒᆞ샤杜閉羣枉之門ᄒᆞ시고廣開衆正之路ᄒᆞ샤使是非로炳然可知則百異ㅣ消滅而衆祥이並至ᄒᆞ리니太平之基며萬世之利也ㅣ니이다顯이見其書ᄒᆞ고愈與許史로比而怨更生等이러라

(太平)餘三年食曰登再登曰食也三登

正臣이進ᄒᆞᄂᆞᆫ者ᄂᆞᆫ治의表오正臣이陷ᄒᆞᄂᆞᆫ者ᄂᆞᆫ亂의機라무릇孤疑의心을執ᄒᆞᆫ者ᄂᆞᆫ讒賊의口를來케ᄒᆞ고不斷의意를持ᄒᆞᄂᆞᆫ者ᄂᆞᆫ羣枉의門을開ᄒᆞᄂᆞ니讒邪ㅣ進ᄒᆞᆫ則衆賢이退ᄒᆞ고群枉이成ᄒᆞᆫ則正士ㅣ消ᄒᆞᄂᆞᆫ지라故로易에否와泰가有ᄒᆞ니小人의道ㅣ長ᄒᆞ고君子의道ㅣ消ᄒᆞᆫ則政이日로亂ᄒᆞ고君子의道ㅣ長ᄒᆞ고小人의道ㅣ消ᄒᆞᆫ則政이日로治ᄒᆞᄂᆞ니今에陛下의明知로써진실로깁피天下의心을思ᄒᆞ샤群枉의門을杜閉ᄒᆞ시고衆正의路를廣開ᄒᆞ샤是非로ᄒᆞ여곰炳然히可히知ᄒᆞᆫ則百異가消滅ᄒᆞ고衆祥이並히至ᄒᆞ리니太平의基오萬世의利니이다顯이그書를見ᄒᆞ고이욱許史로더부러比ᄒᆞ고更生의等을怨ᄒᆞ더라

日太平餘九年食也

(所上)上尙也

(己卯)二年이라匡衡이上疏曰治天下者ᄂᆞᆫ審所上而已니敎化之流ᄂᆞᆫ非家至而人說之也라賢者ㅣ在位ᄒᆞ고能者ㅣ布職ᄒᆞ야朝廷이崇禮ᄒᆞ고百僚ㅣ敬讓ᄒᆞ야道德之行이由內及外ᄒᆞ야自近者로始然後에民知所法ᄒᆞ야遷善日進而不自知也ㅣ니이다

二年이匡衡이疏를上ᄒᆞ야曰天下를治ᄒᆞᄂᆞᆫ者ᄂᆞᆫ上ᄒᆞᆯ바를審ᄒᆞᆯ다름이니敎化의流ᄂᆞᆫ家로至ᄒᆞ야人이說ᄒᆞᆷ이아니라賢者ㅣ位에在ᄒᆞ고能者ㅣ職에布ᄒᆞ야朝廷이禮를崇ᄒᆞ고百僚ㅣ讓을敬히ᄒᆞ야道德의行이內로由ᄒᆞ야外에及ᄒᆞ야近者로自

顓與專通

始호然後에民이法홀바를知호야 選善이日로進호대스스로知치못호ᄂ이다

上이好儒術文辭호야頗改宣帝之政호니言事者ㅣ 多進見이다人人어自以爲得上意라호더라

上이儒術과文辭를好호야자못宣帝의政을改호니事를言호는者ㅣ進見홈이多호지라人人이스스로써호되上意를得호엿다호더라

(甲申)建昭二年이라是時에 石顯이 顓權이라 京房이嘗宴見호서問上曰幽厲之君은何以危며 所任者는 何人也ㅣ니잇고 上이曰君不明而所任者ㅣ 巧佞이니라 房이曰陛下ㅣ 視今컨딘爲治耶잇가 亂耶잇가 上이曰亦極亂耳니 今爲亂者ㅣ 誰哉오 房이 曰明主ㅣ 宜自知之시리어다 上이曰不知也로다 如知ㅣ던 何故用之리오 房이曰上이最所信任호야與圖事帷幄之中호야 進退天下之士者ㅣ 是矣니이다 房이指謂石顯이라 (京房之指意, 謂石顯也) 上亦知之호고 謂房曰已諭로다 (爲句諭, 曉也) 房이罷出後에上이亦不能退顯也ㅣ더라

建昭二年이라이ᄯᅢ에石顯이權을顓ᄒᆞᄂᆞᆫ지라京房이일쥭宴見ᄒᆞᆯ시上다려問ᄒᆞ야曰幽厲ㅣ의君은엇지ᄒᆞ야써危ᄒᆞ며任ᄒᆞᆫ바ᄌᆞᄂᆞᆫ엇더ᄒᆞᆫ人이니잇고上이曰君이明치못ᄒᆞ고任ᄒᆞᆫ바人者ㅣ巧佞ᄒᆞᆷ이니라房이曰陛下ㅣ今을視ᄒᆞ건ᄃᆡ治라ᄒᆞ시릿가亂이라ᄒᆞ시릿가上이曰ᄯᅩ극히亂ᄒᆞ니今에亂ᄒᆞᄂᆞᆫ者ㅣ誰인고房이曰明主ㅣ맛당이ᄉᆞᄉᆞ로知ᄒᆞ시리이다上이曰知치못ᄒᆞ노라만일知ᄒᆞ면何故로用ᄒᆞ리오房이曰上이가장信任ᄒᆞ야더브러事를帷幄의中에셔圖ᄒᆞ야天下의士를進退ᄒᆞᄂᆞᆫ바人者ㅣ니이다房이指ᄒᆞ야石顯을謂ᄒᆞᆷ이라上이ᄯᅩ知ᄒᆞ고房다려謂ᄒᆞ여曰임의諭ᄒᆞ엿노라房이罷出ᄒᆞᆫ後에上이ᄯᅩ能히顯을退치못ᄒᆞ더라

初에京房이對上曰古之帝王이以功擧賢則萬化ㅣ成ᄒᆞ고瑞應이著ᄒᆞ더니末世에以毁譽로取人故로功業이廢而致災異ᄒᆞ니宜令百官으로各試其功ᄒᆞ면災異ㅣ可息ᄒᆞ리이다

初에京房이上을對ᄒᆞ야曰古의帝王이功으로써賢을擧ᄒᆞᆫ則萬化ㅣ成ᄒᆞ고瑞應이著ᄒᆞ더니末世에毁譽로써人을取ᄒᆞᆫ故功業이廢ᄒᆞ고災異를致ᄒᆞ니맛당이百官으로ᄒᆞ여금각ᄀᆞ그功을試ᄒᆞ면災異가可히息ᄒᆞ리이다

詔使房으로作其事ᄒᆞᆫ대房이奏考功課吏法이어늘上이令公卿朝臣으로

(課吏)課試也

溫室在長樂宮中

(召信臣)目召作邵

興房會議溫室ᄒᆞ니 皆以房言이煩碎ᄒᆞ야 令上下相司ᄒᆞ니不可許라ᄒᆞ야ᄂᆞᆯ帝ㅣ於是에以房으로爲魏郡太守ᄒᆞ야得以考功法으로治郡ᄒᆞ다

詔ᄒᆞ야房으로하여곰그事를作케ᄒᆞᆫ대房이考功課吏法을奏ᄒᆞ거ᄂᆞᆯ上이公卿과朝臣으로하여곰房으로더부러會ᄒᆞ야溫室에議ᄒᆞ니다써房의言이煩碎ᄒᆞ야上下로하여곰서로司ᄒᆞ니可히許치아니ᄒᆞᆯ지라ᄒᆞ야ᄂᆞᆯ帝ㅣ이에房으로써魏郡太守를삼어지러공考功法으로써郡을治ᄒᆞ다

(乙酉)三年이라冬에西域都護甘延壽와副校尉陳湯이 共誅斬郅支單于於康居ᄒᆞ다

三年이라冬에西域都護甘延壽와副校尉陳湯이共히郅支單于를康居에셔誅斬ᄒᆞ다

(戊子)竟寧元年이라河南太守召信臣이爲少府ᄒᆞ다 信臣이先爲南陽太守ᄒᆞ고後遷河南ᄒᆞ니治行이常第一이라視民如子ᄒᆞ고 好爲民興利ᄒᆞ야躬勸耕稼ᄒᆞ고開通溝瀆ᄒᆞ니戶口ㅣ增倍ᄒᆞ고吏民이親愛ᄒᆞ야 號曰召父ㅣ라ᄒᆞ더다

竟寧元年이라河南太守召信臣이少府가되다信臣이먼져南陽太守가되고後에河

南에遷ᄒᆞ니治行이일쥭第一이라民을視ᄒᆞ기子갓치ᄒᆞ고民을爲ᄒᆞ야利를興키好ᄒᆞ야몸소耕稼를勸ᄒᆞ고溝瀆을開通ᄒᆞ니戶口ㅣ倍나增ᄒᆞ고吏民이親愛ᄒᆞ야號ᄒᆞ야日召父라ᄒᆞ더라

甘延壽陳湯이 既至論功이러니 石顯匡衡이 以爲延壽湯이 擅興師矯制ᄒᆞ니 幸得不誅어니와 如復加爵土則後奉使者ㅣ爭欲乘危ᄒᆞ야 徼幸生事於蠻夷ᄒᆞ야 爲國招難ᄒᆞ리이다(徼工堯反僥也) 帝內嘉延壽湯功而重違衡顯之議ᄒᆞ야 久之不決이러니

(重違)重難也

甘延壽와陳湯이임의至ᄒᆞᆷ에功을論ᄒᆞ더니石顯과匡衡이써ᄒᆞ되延壽와湯이擅히師를興ᄒᆞ고制를矯ᄒᆞ니幸히不誅를得ᄒᆞ엿거니와만일다시爵土를加ᄒᆞᆫ則後奉使ᄒᆞ는者ㅣ닷토어危를乘ᄒᆞ야徼幸히事를蠻夷에生ᄒᆞ야國을爲ᄒᆞ야難을招코져ᄒᆞ리이다帝ㅣ延壽와湯의功을內嘉ᄒᆞ되衡과顯의議를違키重ᄒᆞ야久히決치못ᄒᆞ더니

故宗正劉向이 上疏曰貳師將軍李廣利ㅣ 捐五萬之師ᄒᆞ고 靡億萬之費ᄒᆞ고(靡音糜) 經四年之勞ᄒᆞ야 而僅獲駿馬三十匹ᄒᆞ고 雖斬宛王母寡之首나 猶不足以復費오(償也) 其私罪惡이 甚多로되 孝武

ㅣ以爲萬里征伐이라ᄒᆞ샤 不錄其過ᄒᆞ시고 遂封拜兩侯ᄒᆞ시니 今康居之國이 彊於大宛ᄒᆞ고 郅支之號ㅣ 重於宛王ᄒᆞ고 殺使者罪ㅣ 甚於留馬어ᄂᆞᆯ 而延壽湯이 不煩漢士ᄒᆞ고 不費斗糧ᄒᆞ니 比於貳師컨ᄃᆡ 功德이 百之니이다 言功與德百倍勝之

故宗正劉向이疏를上ᄒᆞ야日貳師將軍李廣利ㅣ五萬의師를捐ᄒᆞ고億萬의費를靡ᄒᆞ고四年의勞를經ᄒᆞ야僅히駿馬三十四을獲ᄒᆞ고비록宛王毋寡의首를斬ᄒᆞ엿스나오히려足히써費를復치못ᄒᆞ엿고그私罪惡이심히多ᄒᆞ대孝武ㅣ써萬里征伐이라ᄒᆞ샤그過를錄치아니ᄒᆞ시고遂히封ᄒᆞ야兩侯를拜ᄒᆞ시니今에康居의國이大宛보다彊ᄒᆞ고郅支의號ㅣ宛王보다重ᄒᆞ고使者를殺ᄒᆞᆫ罪ㅣ留馬보다甚ᄒᆞ거ᄂᆞᆯ延壽와湯이漢士를煩치안코斗糧를費치아니ᄒᆞ엿스니貳師에比컨ᄃᆡ功德이百이니이다

於是에 天子ㅣ 下詔ᄒᆞ야 赦延壽湯罪ᄒᆞ야 勿治ᄒᆞ고 令公卿으로 議封焉ᄒᆞ야 封延壽爲義成侯ᄒᆞ고 賜湯爵關內侯ᄒᆞ다 出陳湯傳

이에天子ㅣ詔를下ᄒᆞ야延壽와湯의罪를赦ᄒᆞ야治치勿ᄒᆞ라ᄒᆞ고公卿으로하여곰封을議ᄒᆞ야延壽를封ᄒᆞ야義成侯를숨고湯을爵關內侯를賜ᄒᆞ다

夏五月에帝ㅣ崩ᄒᆞ다 出陳湯傳

班彪贊曰臣外祖兄弟爲元帝侍中語臣曰元帝多材藝善史書少而好儒及即位徵用儒生委之以政貢薛韋匡迭爲宰相而上牽制文義優游不一孝宣之業衰焉然寬弘盡下出於恭儉號令溫雅有古之風烈

夏五月에帝ㅣ崩ᄒᆞ다

太子ㅣ卽皇帝位ᄒᆞ야以元舅平陽侯王鳳으로爲大司馬大將軍ᄒᆞ야領尙書事ᄒᆞ다

太子ㅣ皇帝位에卽ᄒᆞ야元舅平陽侯王鳳으로써大司馬大將軍을ᄉᆞᆷ어尙書事를領케ᄒᆞ다

新增尹氏曰元舅未有書而此書之者所以著外氏得權之始新莽簒竊之漸爾履霜堅氷可不戒哉

安民立功曰成

孝成皇帝 名驁元帝長子 在位二十六年 壽四十五 湛於酒色委政外家哀平短祚莽遂簒位是其威福所由來者漸矣

(繼嗣之答)蓋指

(己丑)建始元年이라十二月朔에日食ᄒᆞ고其夜에地震未央宮殿中이어ᄂᆞᆯ詔擧賢良方正能直言極諫之士ᄒᆞᆫ대杜欽及谷永이上對ᄒᆞ야乃皆以爲後宮女寵이太盛ᄒᆞ야嫉妬專上ᄒᆞ야將害繼嗣之

許后及班婕妤也

(直)當也

(王商)成帝之舅

咎라ᄒᆞ더라 出本傳文小異

建始元年이라十二月朔에日食ᄒᆞ고그夜에未央宮殿中에地震ᄒᆞ거ᄂᆞᆯ詔ᄒᆞ야賢良方正能直言極諫의士를擧ᄒᆞᆫ대杜欽과밋谷永이上對ᄒᆞ야이에다써ᄒᆞ되後宮女寵이太히盛ᄒᆞ야嫉妬ᄒᆞ야上을專ᄒᆞ야장찻繼嗣를害ᄒᆞᆯ咎라ᄒᆞ더라

匡衡이坐取封邑四百頃ᄒᆞ고監臨에盜所主守ㅣ直十金以上ᄒᆞ야(法有主守盜斷官錢入己也 律條臧直十金則至重罪)免爲庶人ᄒᆞ고以王商으로爲丞相ᄒᆞ다 出匡衡王商傳

匡衡이封邑四百頃을取ᄒᆞ고監臨에主守ᄒᆞᆫ바를盜ᄒᆞᆷ이十金以上에直ᄒᆞᆷ에坐ᄒᆞ야免ᄒᆞ야庶人을삼고王商으로써丞相을삼다

(壬辰)四年이라夏에召前所擧直言之士ᄒᆞ야詣白虎殿對策ᄒᆞ다是時에上이委政王鳳ᄒᆞ니議者ㅣ多歸咎焉ᄒᆞ대

四年이라夏에前에擧ᄒᆞᆫ바直言의士를召ᄒᆞ야白虎殿에詣ᄒᆞ야策을對ᄒᆞ다이ᄯᅢ에上이政을王鳳에게委ᄒᆞ니議者ㅣ咎를歸ᄒᆞᆷ이多ᄒᆞᆫ대

谷永이知鳳의方見柄用ᄒᆞ고陰欲自託ᄒᆞ야乃曰方今四夷賓服ᄒᆞ야皆爲臣妾ᄒᆞ니北無薰粥冒頓之患ᄒᆞ고(粥乙六反匈奴別名堯時曰薰粥)南無趙佗呂嘉

洞々恭貌 屬々誠實 爲無僞貌

之難하야 三垂晏然하야 靡有兵革之警하고 諸侯大者는 乃食數縣이라

谷永이鳳의바야흐로柄用을見홈을知ᄒᆞ고陰히自託코져ᄒᆞ야이에日方今四夷가賓服ᄒᆞ야다臣妾이되니北에薰粥과冒頓의患이업고南에趙佗와呂嘉의難이無ᄒᆞ야三垂ㅣ晏然ᄒᆞ야兵革의警이잇지안코諸侯大者ᄂᆞᆫ이에數縣을食ᄒᆞᄂᆞᆫ지라

漢吏ㅣ 制其權柄하야 無吳楚燕梁之勢하고 骨肉大臣이 有申伯之忠하야 [申伯周宣王之元舅也鄭玄曰申國名以其忠於王室使爲侯伯故稱申伯] 洞洞屬屬하고 小心畏忌하야 無重合安陽博陸之亂이라 [重合侯馬通武帝時謀反者馬何羅之弟也安陽侯上官桀武帝時以捕斬重合侯功封安陽侯事昭帝謀反誅博陸侯霍光以捕得何羅之封功博陸侯其妻顯弒皇后許氏而光不發覺光卒之後霍氏謀反族誅] 三者에 無毛髮之辜하니 切恐陛下ㅣ 舍昭昭之白過하시고 [舍釋也謂昭然明白有罪過者乃舍之] 忽天地之明戒하시며 聽晻昧之譖說하사 [晻烏感反譖暗不尉也譖] 歸咎乎無辜하시며 [非謂無目者但不察事而言之不中於道如無目之人也] 倚異乎政事하사 [依物曰倚異謂災異也] 重失天心이 不可之大者也ㅣ니이다 上이 以其書로 示後宮하고 擢永爲光祿大夫하다

漢吏ㅣ그權柄을制ᄒᆞ야吳楚燕梁의勢가無ᄒᆞ고骨肉大臣이申伯의忠이有ᄒᆞ야

(中秘書)註言中以別外也外則太常太史博史之藏內則有延閣廣府秘室之內

洞洞ᄒᆞ고屬屬ᄒᆞ고小心ᄒᆞ고畏忌ᄒᆞ야重合과安陽과博陸의亂이無ᄒᆞᆫ지라三者에毛髮의辜가無ᄒᆞ니간절이恐컨ᄃᆡ陛下ㅣ昭々의白過를舍ᄒᆞ시고天地의明戒를忽ᄒᆞ시며晻昧의譖說을聽ᄒᆞ사咎를無辜에歸ᄒᆞ시며異를政事에倚ᄒᆞ샤거듭天心을失ᄒᆞ심이不可ᄒᆞᆷ의大ᄒᆞᆫ者ㅣ니이다上이그書로ᄡᅥ後宮에示ᄒᆞ고永을擢ᄒᆞ야光祿大夫를숨다

戴溪筆義曰王氏代漢始於杜欽谷永成於張禹孔光終於劉歆此數子者號稱儒者以賢良直諫爲名以通經學古爲賢群臣所屬目天子所取重而相與誤國如此假托經術緣飾古義以售奸邪以濟諛佞盖杜欽谷永劉歆三子依憑寵祿以苟富貴張禹孔光懦弱無立規免禍患曾不若鄙夫小人而已矣權臣始用事潛竊國柄猶未敢肆然無忌憚也必有小人陰賛默敎之以助成其勢彼權臣者亦自知其不爲公議所容必假托名譽才智之士以掩蓋不義書生多欲少剛易動以利易怵以禍輕變所守深自結納其言曰寧忤天子而不敢忤權臣寧負公門而不敢負私室嗚呼爲天子者其無使權臣至是哉權勢已成薰灼可畏忠臣孝子不愛其死世寧幾何人哉黨與根據臣下同心天子孤立於上擧朝無一人可信者可不爲大哀也哉

(乙未)河平三年이라上이以中秘書ㅣ頗散亾이라ᄒᆞ야使謁者陳農으로求遺書於天下ᄒᆞ다

河平三年이라上이ᄡᅥ中秘書ㅣ자못散亾ᄒᆞ엿다ᄒᆞ야謁者陳農으로하여곰遺書를天下에求ᄒᆞ다

劉向이以王氏權位ㅣ大盛ᄒᆞ고而上이方嚮詩書古文이라ᄒᆞ야向이乃

(陽朔)目山陽火生石中詔曰此陽氣之始改元陽朔也

因尙書洪範ᄒᆞ야 (以上與傳文小異) 集合上古以來로 歷春秋六國ᄒᆞ야 至秦漢
히 符瑞炎異之記ᄒᆞᆫ대 推迹行事ᄒᆞ야 連傳禍福ᄒᆞ야 著其占驗ᄒᆞ야 比類
相從ᄒᆞ야 各有條目ᄒᆞ니 凡十一篇이라 號曰洪範五行傳이라ᄒᆞ야 論奏之
ᄒᆞᆫ대 (傳柱戀反解說洪範正經者) 天子ㅣ 心知向이 忠精이라 故로 爲鳳兄弟ᄒᆞ야 起此論也ㅣ나
然이나 終不能奪氏權이러라 (出劉間本傳)
劉向이 써 王氏의 權位ㅣ 大히 盛ᄒᆞ고 上이 바야 으로 詩書와 古文을 嚮ᄒᆞᆫ다ᄒᆞ야 向이
이에 尙書洪範을 因ᄒᆞ야 上古以來로 春秋六國을 歷ᄒᆞ야 秦漢에 至ᄒᆞᆫ 기 符瑞災異의
記을 集合ᄒᆞᆫ대 行事를 推迹ᄒᆞ고 禍福을 連傳ᄒᆞ야 그 占驗을 著ᄒᆞ야 比類을 서로 從ᄒᆞ
야 各히 條目이 有ᄒᆞ니 무릇 十一篇이라 號ᄒᆞ야 曰洪範五行傳이라ᄒᆞ야 論奏ᄒᆞᆫ대 天
子ㅣ 心으로 向이 忠精ᄒᆞᆫ지라 故로 鳳의 兄弟를 爲ᄒᆞ야 此論을 起ᄒᆞᆫ 줄 知ᄒᆞ나 然이나
終히 能히 王氏의 權을 奪치 못ᄒᆞ더라
(丁酉)陽朔元年이라 京兆尹王章이 素剛直敢言ᄒᆞ야 雖爲鳳所
擧나 非鳳專權ᄒᆞ야 不親附鳳이러니 乃奏封事言ᄒᆞᆫ대 日食之咎는 皆
鳳專權蔽主之過ㅣ니이다 於是에 章이 薦馮野王의 忠信質直ᄒᆞᆫ대 上이

自爲太子時로 數聞野王名이다 方倚欲以代鳳이러니 鳳이 聞之ᄒᆞ고 使尙書로 劾奏章ᄒᆞ야 致其大逆ᄒᆞ야 竟死獄中ᄒᆞ니 自是로 公卿이 見鳳에 側目而視ᄒᆞ더라(出元后傳)

陽朔元年이라京兆尹王章이본ᄃᆡ剛直ᄒᆞ고敢言ᄒᆞ야비록鳳의擧ᄒᆞᆫ바이되나鳳의專權ᄒᆞᆷ을非히ᄒᆞ야鳳에게親附치안터니이에封事를奏ᄒᆞ야言호ᄃᆡ日食의咎ᄂᆞᆫ다鳳이權을專히ᄒᆞ고主를蔽ᄒᆞᆫ過ㅣ니이다이에章이馮野王의忠信質直ᄒᆞᆷ을薦ᄒᆞᆫ대上이太子되엿든時로브터자조野王의名을聞ᄒᆞᆫ지라바야흐로倚ᄒᆞ야써鳳을代코자ᄒᆞ더니鳳이聞ᄒᆞ고尙書로하여곰奏章을劾ᄒᆞ야그大逆에致ᄒᆞ야竟히獄中에死ᄒᆞ니是로自ᄒᆞ야公卿이鳳을見ᄒᆞᆷ에目을側ᄒᆞ고視ᄒᆞ더라

(戊戌)二年이라 以王音으로 爲御史大夫ᄒᆞ니 於是에 王氏ㅣ 愈盛ᄒᆞ야 郡國守相刺史ㅣ 皆出其門下ᄒᆞ고 五侯羣弟ㅣ(五侯謂王譚王商王立王根王逢時皆成帝諸舅也) 爭爲奢侈ᄒᆞ니 賂遺珍寶ㅣ 四面而至러라

(王音)元后之從弟也

二年이라王音이로써御史大夫를삼으니이에王氏ㅣ더욱盛ᄒᆞ야郡國守相刺史ㅣ다그門下에서出ᄒᆞ고五侯群弟ㅣ爭ᄒᆞ야奢侈를ᄒᆞ니賂遺ᄒᆞᄂᆞᆫ珍寶ㅣ四面으로서

至ᄒᆞ더라

音이通敏人事ᄒᆞ야好士養賢ᄒᆞ고傾財施予ᄒᆞ야以相高尙ᄒᆞ니賓客이滿門ᄒᆞ야競爲之聲譽러라 (出元后紀)

音이人事에通敏ᄒᆞ야士를好ᄒᆞ고賢을養ᄒᆞ고財를傾ᄒᆞ고予를施ᄒᆞ야써高尙을相ᄒᆞ니賓客이門에滿ᄒᆞ야競히爲하야聲譽ᄒᆞ더라

劉向이上封事極諫ᄒᆞ니、書奏에天子ㅣ召見向ᄒᆞ고歎息悲傷其意ᄒᆞ야謂曰君且休矣ᄒᆞ라吾將思之호리라然이나終不能用其言이러라 (出劉向傳)

劉向이封事를上ᄒᆞ야극히諫ᄒᆞ니書를奏ᄒᆞᆷ에天子ㅣ向을召ᄒᆞ야見ᄒᆞ고歎息ᄒᆞ고그意를悲傷ᄒᆞ야謂ᄒᆞ야曰君은또休ᄒᆞ라吾ㅣ將히思호리라然이나終히能히그言을用치못ᄒᆞ니라

(己亥)三年이라秋에王鳳이薨커늘以王音으로爲大司馬ᄒᆞ다

三年이라秋에王鳳이薨커늘王音으로써大司馬를ᄉᆞᆷ다

(乙巳)永始元年이라五侯子ㅣ乘時侈靡ᄒᆞ야以輿馬聲色佚游로相高ᄒᆞ되 (佚與逸同樂也) 王曼의子莽이因折節爲恭儉ᄒᆞ야勤身博學ᄒᆞ야外交

(王曼)元后弟

(折節)屈折支節以服事也

(振)貸也

(轉圜)言其順易也

英俊ᄒᆞ고 內事諸父ᄒᆞ야 (諸父謂諸伯叔父也) 曲有禮意러라 鳳이 死에 以莽으로 託太后及帝러니 久之오 封莽ᄒᆞ야 爲新都侯ᄒᆞ니 爵位益尊호ᄃᆡ 節操愈謙ᄒᆞ고 振施賓客ᄒᆞ야 家無所餘ᄒᆞ니 虛譽隆洽ᄒᆞ야 傾其諸父矣러라 (出莽傳)

永始元年이라 五侯子ㅣ 時를 乘ᄒᆞ야 侈靡ᄒᆞ야 輿馬와 聲色과 佚游로써 서로 高호ᄃᆡ 王曼의 子莽이 因ᄒᆞ야 節을 折ᄒᆞ고 恭儉ᄒᆞ야 身을 勤ᄒᆞ고 學을 博히 ᄒᆞ야 外로 英俊을 交ᄒᆞ고 內로 諸父를 事ᄒᆞ야 曲히 禮意가 有ᄒᆞ더라 鳳이 死ᄒᆞᆷ에 莽으로써 太后와 밋 帝에게 託ᄒᆞ엿더니 久ᄒᆞᆷ에 莽을 封ᄒᆞ야 新都侯를 삼으니 爵位ㅣ 더욱 尊호ᄃᆡ 節操ㅣ 더욱 謙ᄒᆞ고 賓客에게 振施ᄒᆞ야 家에 所餘ㅣ 無ᄒᆞ니 虛譽ㅣ 隆洽ᄒᆞ야 그 諸父를 傾ᄒᆞ더라

(丙午)二年이라 王音이 薨커늘 以王商으로 爲大司馬ᄒᆞ다

新增養心吳氏曰王介甫詩云周公恐懼流言日王莽謙恭下士時假使當年身便死一生眞僞有誰知

二年이라 王音이 薨커늘 王商으로써 大司馬를 삼다

故南昌尉梅福이 上書曰 昔에 高祖ㅣ 納善을 若不及ᄒᆞ시며 從諫을 若轉圜ᄒᆞ시더니 陳平이 起於亡命而爲謀主ᄒᆞ고 韓信이 拔於行陳而

(摩)磨同

建上將ᄒᆞ니故로爵祿束帛者는天下之砥石이라(砥音借)高祖ㅣ所以厲

世摩鈍也ㅣ니이다

故南昌尉梅福이書를上ᄒᆞ야曰昔에高祖ㅣ善을納홈을及치못홈갓치ᄒᆞ시며諫을從홈을圜을轉홈갓더시니陳平이亾命에서起ᄒᆞ야謀主가되고韓信이行陳에서拔ᄒᆞ야上將을建ᄒᆞ니故로爵祿과束帛인者는天下의砥石이라高祖ㅣ써世를厲ᄒᆞ야摩鈍ᄒᆞ신바ㅣ니이다

(罔)網通

(泰阿)劍名

至秦則不然ᄒᆞ야張誹謗之罔ᄒᆞ야以爲漢敺除ᄒᆞ고(敺驅同)倒持泰阿ᄒᆞ야授楚其柄ᄒᆞ니故로誠能勿失其柄이면天下ㅣ雖有不順이나莫敢觸其鋒ᄒᆞ리니다

奏에至ᄒᆞᆫ則然치아니ᄒᆞ야誹謗의罔을張ᄒᆞ야써漢을爲ᄒᆞ야敺除ᄒᆞ고泰阿를倒持ᄒᆞ야楚에게그柄을授ᄒᆞ니故로진실로能히그柄을失치말면天下ㅣ비록不順홈이有ᄒᆞ나敢히그鋒을觸치못ᄒᆞ리이다

今陛下ㅣ既不納天下之言ᄒᆞ시고又加戮焉ᄒᆞ시니天下ㅣ以言으로爲

(及巳)巳得終聲也

戚ᄒᆞ니 最國家之大患也ㅣ니이다 方今에 君命을 犯而主威ㅣ 奪ᄒᆞ야 外戚之權이 日以益隆ᄒᆞ니 陛下ㅣ 不見其形이어든 願察其景ᄒᆞ소서 景或作影 勢陵於君ᄒᆞ고 權隆於主然後에 防之면 亦無及已이니다 上이 不納ᄒᆞ다 出福本傳

今에陛下ㅣ임의天下의言을納치아니ᄒᆞ시고또戮을加ᄒᆞ시니天下ㅣ言으로써戒ᄒᆞ니가장國家의大患이니이다方今에君命을犯ᄒᆞᆷ에主威ㅣ奪ᄒᆞ야外戚의權이日로써더隆ᄒᆞ니陛下ㅣ그形을見치못ᄒᆞ시거든원컨ᄃᆡ그景을察ᄒᆞ소서勢가君을陵ᄒᆞ고權이主보다隆ᄒᆞᆫ然後에防ᄒᆞ면또ᄒᆞᆫ及치못ᄒᆞᆯ다름이니이다上이納지안타

(戊申)四年이라 司隷校尉何武로 爲京兆尹ᄒᆞ다 武ㅣ 爲吏에 守法盡公ᄒᆞ고 進善退惡ᄒᆞ니 其所居에 無赫赫名이로ᄃᆡ 去後에 常見思러라 出本傳

四年이라司隷校尉何武로京兆尹을삼다武ㅣ吏가됨에法을守ᄒᆞ고公을盡ᄒᆞ고善을進ᄒᆞ고惡을退ᄒᆞ니그居ᄒᆞᆫ바에赫赫ᄒᆞᆫ名이無ᄒᆞ나去ᄒᆞᆫ後에항상思ᄒᆞᆷ을見ᄒᆞ겟더라

(己酉)元延元年이라 王商이 薨커늘 以弟根으로 爲大司馬ᄒᆞ다

元延元年이라王商이薨커늘弟根으로써大司馬를ᄉᆞᆷ다

安昌侯張禹ㅣ雖家居ㅣ나以特進으로爲天子師ᄒᆞ니國家ㅣ每有大政이면必與定議러라

安昌侯張禹ㅣ비록家에居ᄒᆞ나特進으로써天子師가되니國家ㅣ미양大政이有ᄒᆞ면반다시더부러議를定ᄒᆞ더라

時에吏民이多上書言災異之應ᄒᆞ야譏切王氏ㅣ專政所致라ᄒᆞ니上이意頗然之ᄒᆞ야親問禹以天變ᄒᆞᆫ되禹ㅣ日春秋에日食地震이或爲諸侯ㅣ相殺ᄒᆞ며夷狄이侵中國이니災變之意ㅣ深遠難見이어늘新學小生이亂道誤人ᄒᆞ니宜無信用이니다上이雅信愛禹라由此로不疑王氏러라 出張禹傳

時에吏民이마니書를上ᄒᆞ야災異의應을言ᄒᆞ야王氏ㅣ專政ᄒᆞᄂᆞᆫ所致라譏切ᄒᆞ니上이意에자못然히ᄒᆞ야親히禹에게天變으로써問ᄒᆞᆫ되禹ㅣ日春秋에日食ᄒᆞ고地震홈이或諸侯ㅣ相殺ᄒᆞ며夷狄이中國을侵홈이니災變의意ㅣ深遠ᄒᆞ야見키難ᄒᆞ

거늘新學小生이道를亂히ᄒᆞ야人을誤ᄒᆞ니信用치말미宜ᄒᆞ니이다上이본ᄃᆡ禹를信愛ᄒᆞ는지라此로由ᄒᆞ야王氏를疑치안터라

故槐里令朱雲이上書求見ᄒᆞ니公卿이在前이라雲이曰今朝廷大臣이皆尸位素餐ᄒᆞ니(尸主也素空也餐呑食也謂雖主此位而德不稱官空食祿也)臣은願賜尚方斬馬劒이면斷佞臣一人頭ᄒᆞ야以厲其餘ᄒᆞ노이다上이問誰也오對曰安昌侯張禹ㅣ니이다

故槐里令朱雲이書를上ᄒᆞ야見키를求ᄒᆞ니公卿이前에在ᄒᆞᆫ지라雲이曰今에朝廷大臣이다尸位로素히餐ᄒᆞ니臣은원컨ᄃᆡ尚方斬馬劒을賜ᄒᆞ면佞臣一人의頭를斷ᄒᆞ야써그餘를厲ᄒᆞ게ᄒᆞ노이다上이問ᄒᆞᄃᆡ誰인고對ᄒᆞ야曰安昌侯張禹ㅣ니이다

(斬馬劒言利可斬馬)

上이大怒曰小臣이居下訕上ᄒᆞ고(記所諫反)廷辱師傅ᄒᆞ니罪死不赦라御史아將雲下ᄒᆞ라雲이攀殿檻ᄒᆞ니檻折이라雲이呼(火故反)曰臣이得下從龍逄比干ᄒᆞ야遊於地下ㅣ足矣ㅣ니이다(逄皮江反關用逄夏桀之臣比干殷紂之臣皆以忠諫死)御史ㅣ遂將雲去어늘於是에左將軍辛慶忌ㅣ免冠叩頭殿下曰此臣이素

著狂直ᄒᆞ니使其言이是ᄒᆞᆫ딘不可誅오其言이非라도固當容之니이다上이意解ᄒᆞ니라及後當治檻ᄒᆞ야上이曰勿易ᄒᆞ고因而輯之ᄒᆞ야以旌直臣ᄒᆞ라ᄒᆞ다

上이크게怒ᄒᆞ야曰小臣이下에居ᄒᆞ야上을訕ᄒᆞ고廷에셔師傅를辱ᄒᆞ니罪가死ᄒᆞ고赦치못ᄒᆞᆯ지라御史아雲을將ᄒᆞ야下ᄒᆞ라雲이殿檻을攀ᄒᆞ니檻이折ᄒᆞ는지라雲이呼ᄒᆞ야曰臣이시러곰下로龍逢과比干을從ᄒᆞ야地下에셔遊홈이足ᄒᆞ니이다御史ㅣ드듸여雲을잡아去ᄒᆞ거늘이에左將軍辛慶忌ㅣ冠을免ᄒᆞ고殿下에셔頭를叩ᄒᆞ여曰此臣이본듸곳狂直ᄒᆞ니하여곰그言이是ᄒᆞᆯ진듸可히誅치아니ᄒᆞᆯ것이오그言이非ᄒᆞᆯ지라도진실로맛당이容ᄒᆞᆯ지니이다上이意가解ᄒᆞ더니밋後에檻을治홈에當ᄒᆞ야上이曰易치말고因ᄒᆞ야輯ᄒᆞ야써直臣을旌ᄒᆞ라ᄒᆞ다

(輯)斂也
(旌)表也

(壬子)四年이라王根이薦谷永이어늘徵入爲太司農ᄒᆞ다永이前後所上四十餘事ㅣ略相反覆ᄒᆞ야專攻上身與後宮而黨於王氏ᄒᆞ니上亦知之ᄒᆞ고不甚親信也러라

(四父)謂晋商根四人皆莽之叔父

(邑錢)封邑所入之錢也

四年이라王根이谷永을薦ᄒᆞ거ᄂᆞᆯ徵入ᄒᆞ야大司農이되다永이前後로上ᄒᆞᆫ바四十餘事ㅣ대략셔로反覆ᄒᆞ야專혀上의身과다못後宮을攻ᄒᆞ고王氏에黨ᄒᆞ니上이또ᄒᆞᆫ知ᄒᆞ고甚히親信치안터라

(癸丑)綏和元年이라**二月**에**立定陶王欣**ᄒᆞ야**爲皇太子**ᄒᆞ다

綏和元年이라二月에定陶王欣을立ᄒᆞ야皇太子를숨다

十一月에**王根**이**薦莽自代**어ᄂᆞᆯ**丙寅**에**以莽**으로**爲大司馬**ᄒᆞ니**時年**이**三十八**이러라**莽**이**旣拔出同列**ᄒᆞ야**繼四父而輔政**ᄒᆞᆯ서**欲令名譽**로**過前人**ᄒᆞ야**聘諸賢良**ᄒᆞ야**以爲掾吏**ᄒᆞ고**賞賜邑錢**을**悉以享士**ᄒᆞ고**愈爲儉約**ᄒᆞ더라 出王莽傳

十一月에王根이莽을薦ᄒᆞ야스ᄉᆞ로代하거ᄂᆞᆯ丙寅에莽으로써大司馬를숨으니時年이三十八이러라莽이임의同列에拔出ᄒᆞ야四父를繼ᄒᆞ야政을輔ᄒᆞᆯ시名譽로하여곰前人에過코져ᄒᆞ야모든賢良을聘ᄒᆞ야써掾吏를숨고賞賜와邑錢을다써士를享ᄒᆞ고더욱儉約ᄒᆞ더라

犍爲郡이**於水濱**에**得古磬一十六枚**ᄒᆞ니**議者**ㅣ**以爲善祥**이어ᄂᆞᆯ

(或曰)先設爲難者之言而後答釋之也

(過差)猶失錯也

劉向이因是說上ᄒᆞᄃᆡ宜興辟雍ᄒᆞ며設庠序ᄒᆞ며 釋義王氏曰雍興廱通記王制天子曰辟雍鄭玄曰辟明廱和也所以明和天下睦佃曰天子立四學並其中學而五直於一處並建周人辟雍則辟廱最居中其南爲成均北爲上庠東爲東序南爲瞽宗辟雍惟天子承師問道養三老五更出師受成等就焉堂天子入太學則四學之人人環水而觀之是之謂辟廱辟胡致堂曰獨辟廱未有明其義者以詩攷之其義自明王制記天子曰廱辟不知何所本而云然也羅璧曰竊謂辟廱非學也辟君廱和也詩靈臺篇辟廱其中皆非學校中華文王有聲篇言鎬京辟廱其專亦於學務無預按二說當詳放之 陳禮樂ᄒᆞ야以風化天下ㅣ니如此而不治ㅣ未之有也ㅣ니이다或曰不能具禮ᄒᆞ나니禮ᄂᆞᆫ以養人爲本ᄒᆞ니如有過差도다是ᄂᆞᆫ過而養人也어니와刑罰之過ᄂᆞᆫ或至死傷ᄒᆞ니今之刑이非皐陶之法也어ᄂᆞᆯ而有司ㅣ請定法ᄒᆞ야削則削ᄒᆞ며筆則筆ᄒᆞᄃᆡ至於禮樂則曰不敢이라ᄒᆞᄂᆞ니是ᄂᆞᆫ敢於殺人이오不敢於養人也ㅣ로소이다夫敎化之比於刑法컨ᄃᆡ刑法이輕ᄒᆞ니是ᄂᆞᆫ舍所重而急所輕也ㅣ라敎化ᄂᆞᆫ所恃以爲治오刑法은所以助治也어ᄂᆞᆯ今에廢所恃而獨立其所助ᄒᆞ니非所以致太平也ㅣ니이다帝ㅣ以向言으로下公卿議ᄒᆞᄃᆡ丞相翟方進과大司空何武ㅣ奏請立辟雍이러니未作而罷ᄒᆞ다 出禮樂志自丞相翟方進以下文小異

犍爲郡이水濱에서古磬一十六枚를得ᄒᆞ니議者ㅣ써善祥이라ᄒᆞ거ᄂᆞᆯ劉向이是를因ᄒᆞ야上을說호대宜히辟雍을興ᄒᆞ며庠序를設ᄒᆞ며禮樂을陳ᄒᆞ야써天下를風化ᄒᆞᆯ지니이갓고治치못ᄒᆞᆷ이잇지아니ᄒᆞ니이다或이曰能히禮를具치못ᄒᆞᆫ다ᄒᆞ나禮는養人으로써本을ᄒᆞ니만일過差ㅣ有ᄒᆞ드라도이는過ᄒᆞ고人을養ᄒᆞᆷ이어니와刑罰의過는或死傷에至ᄒᆞ니今에刑이皐陶의法이아니거늘有司ㅣ定法을請ᄒᆞ야削ᄒᆞᆫ則削ᄒᆞ고筆ᄒᆞᆫ則筆호대禮樂에至ᄒᆞᆫ則曰不敢이라ᄒᆞᄂᆞ니是는殺人ᄒᆞᆷ에敢ᄒᆞᆷ이오養人ᄒᆞᆷ에敢치못ᄒᆞᆷ이로소이다무릇敎化를刑法에比컨ᄃᆡ刑法이輕ᄒᆞ니이는重ᄒᆞᆫ바를舍ᄒᆞ고輕ᄒᆞᆫ바를急ᄒᆞᆷ이라敎化는恃ᄒᆞ야써治ᄒᆞ는바이오刑法은써治를助ᄒᆞ는바어ᄂᆞᆯ今에恃ᄒᆞᆯ바를廢ᄒᆞ고홀로그助ᄒᆞᆯ바를立ᄒᆞ니써太平을致ᄒᆞ는바ㅣ아니니이다帝ㅣ向의言으로써公卿에下ᄒᆞ야議ᄒᆞᆫ대丞相翟方進과大司空何武ㅣ奏ᄒᆞ야辟雍을立ᄒᆞ기請ᄒᆞ더니作치못ᄒᆞ고罷ᄒᆞ다

新增胡氏曰向之論美矣而未循其本也孔子曰人而不仁如禮何人而不仁如樂何不仁之人心非已有視聽擧履皆迷其當而何以爲禮樂哉唯仁者所行皆禮而所安皆樂是則禮樂之本也庠序聲容特其具矣無其本則欲以其具敎人秪益趣之於虛僞之域不若不爲之愈也

劉向이自見得信於上故로常顯訟宗室ᄒᆞ며譏刺王氏及在位大臣ᄒᆞ야其言이多痛切ᄒᆞ야發於至誠이라上이數欲用向爲九卿호ᄃᆡ爲王氏居位者와及丞相御史所持故로終不遷ᄒᆞ고居列大夫

官ᄒᆞ야前後三十餘年而卒ᄒᆞ니後十三歲而王氏ㅣ代漢ᄒᆞ니라 出劉向本傳

劉向이스ᄉᆞ로上에게得信ᄒᆞᆷ을見ᄒᆞᆫ故로常히宗室을顯訟ᄒᆞ며王氏와밋位에在ᄒᆞᆫ大臣을譏刺ᄒᆞ야그言이痛切ᄒᆞᆷ이多ᄒᆞ야至誠에서發ᄒᆞ는지라上이자조向을써九卿을숨고져ᄒᆞ되王氏의位에居ᄒᆞᆫ者와밋丞相御史의持ᄒᆞᆫ바이된지라故로終히遷치못ᄒᆞ고大夫官에居列ᄒᆞ야前後三十餘年에卒ᄒᆞ니後十三歲에王氏ㅣ漢을代ᄒᆞ니라

(甲寅)二年이라三月에帝ㅣ崩ᄒᆞ다

二年이라三月에帝ㅣ崩ᄒᆞ다

班固贊曰成帝善修容儀升車正立不內顧不疾言不親指臨朝淵默尊嚴若神可謂有穆穆天子之容者矣博覽古今容受直辭公卿奏議可述遭世承平上下和睦然湛乎酒色趙氏亂內外家擅朝言之可爲於邑建始以來王氏始執國命哀平短祚莽遂簒位盖其威福所由來者漸矣

夏四月丙午에太子ㅣ卽皇帝位ᄒᆞ다哀帝ㅣ初立에躬行儉約ᄒᆞ야省減諸用ᄒᆞ고政事ㅣ由己出ᄒᆞ니朝廷이翕然ᄒᆞ야望至治焉이러라 出本紀無哀帝初立數句

夏四月丙午에太子ㅣ皇帝位에卽ᄒᆞ다哀帝ㅣ처음으로立ᄒᆞᆷ에몸소儉約을行ᄒᆞ야諸用을省減ᄒᆞ고政事ㅣ己로由ᄒᆞ야出ᄒᆞ니朝廷이翕然하야至治를望ᄒᆞ더라

初에董仲舒ㅣ說武帝호ᄃᆡ以秦用商鞅之法ᄒᆞ야除井田ᄒᆞ니民得賣買ᄒᆞ야富者ᄂᆞᆫ田連阡陌ᄒᆞ고貧者ᄂᆞᆫ亡立錐之地라(錐朱推反)邑有人君之尊ᄒᆞ고里有公侯之富ᄒᆞ니小民이安得不困이리오古井田法은雖難卒行이나宜少近古ᄒᆞ야限民名田ᄒᆞ야以贍不足ᄒᆞ야塞並兼之路ᄒᆞ고薄賦歛ᄒᆞ며省繇役ᄒᆞ야以寬民力然後에可善治也ㅣ리이다

初에董仲舒ㅣ武帝를說호ᄃᆡ써秦이商鞅의法을用ᄒᆞ야井田을除ᄒᆞ니民이賣買를得ᄒᆞ야富ᄒᆞᆫ者ᄂᆞᆫ田이阡陌에連ᄒᆞ고貧ᄒᆞᆫ者ᄂᆞᆫ立錐의地도亡ᄒᆞᆫ지라邑에人君의尊이有ᄒᆞ고里에公侯의富가有ᄒᆞ니小民이엇지시러곰困치아니리오古井田法은비록卒行키難ᄒᆞ나宜히少히古에近ᄒᆞ야民名田을限ᄒᆞ야써不足을贍ᄒᆞ야並兼의路를塞ᄒᆞ고賦歛을薄히ᄒᆞ며繇役을省ᄒᆞ야써民力을寬히ᄒᆞᆫ然後에可히善히治ᄒᆞᆯ지니이다

及上이即位ᄒᆞ얀師丹이復建言호ᄃᆡ今累世承平이라豪富吏民이貲數鉅萬而貧弱은愈困ᄒᆞ니宜略爲限이니이다

밋上이位에即ᄒᆞ얀師丹이다시言을建호대今에累世ㅣ承平ᄒᆞᆫ지라豪富吏民은貲

數鉅萬이고貧弱은더욱困ᄒᆞ니宜히대강限ᄒᆞᆯ지니이다

天子ㅣ下其議ᄒᆞᆫ대丞相光과大司空武ㅣ奏請ᄒᆞᄃᆡ自諸侯王列侯公主로名田을各有限ᄒᆞ고關內侯吏民名田을皆毋過三十頃ᄒᆞ고奴婢를毋過三十人ᄒᆞ고期盡三年ᄒᆞᄃᆡ犯者는沒入官ᄒᆞ노이다時에田宅奴婢ㅣ賈爲減賤ᄒᆞ야貴戚近習이不便也ㅣ라詔書且須後러니遂寢不行ᄒᆞ다 以上出食貨志

天子ㅣ그議를下ᄒᆞᆫ대丞相光과大司空武ㅣ奏請ᄒᆞ야諸侯王列侯公主로브터名田을각ᄭᆞ限이有ᄒᆞ고關內侯吏民名田을다三十頃에過치말고奴婢를三十人에過치말고期를三年에盡ᄒᆞᄃᆡ犯ᄒᆞᄂᆞᆫ者ᄂᆞᆫ官에沒入ᄒᆞ겟노이다時에田宅奴婢賈ㅣ減賤ᄒᆞ야貴戚近習이不便ᄒᆞᆫ지라詔書ᄒᆞ야ᄯᅩ後를須ᄒᆞ라ᄒᆞ더니遂히寢ᄒᆞ고行치안다

孝哀皇帝 名欣元帝孫定陶共王子也成帝無子召入立爲太子 在位六年 壽二十五 欲强主威以則武宣而剛愎不明尊寵嬖倖其能濟乎

(丁巳)建平二年이라四月에王嘉ㅣ爲丞相ᄒᆞ다嘉ㅣ以時政이苛急ᄒᆞ야郡國守相이數有變動이라ᄒᆞ야乃上疏曰孝文時에吏居官者ㅣ或

長子孫ᄒᆞ야以官爲氏ᄒᆞ니 以官爲氏如下文云倉氏庫氏是也 倉氏庫氏則倉庫吏之後也ㅣ라其二千石長吏ㅣ亦安官樂職然後에上下ㅣ相望ᄒᆞ야莫有苟且之意러니其後에稍稍變易ᄒᆞ야公卿以下ㅣ或居官數月而退ᄒᆞ니中材ᄂᆞᆫ苟容求全ᄒᆞ고 言不敢操持擧下也 下材ᄂᆞᆫ懷危內顧ᄒᆞ니唯陛下ᄂᆞᆫ留神於擇賢ᄒᆞ사記善忘過ᄒᆞ소셔此ㅣ方今에急務也ㅣ니이다

建平三年이라四月에王嘉ㅣ丞相이되다嘉ㅣ써時政이苛急ᄒᆞ야郡國守相이자조變動이有ᄒᆞ다ᄒᆞ야이에疏를上ᄒᆞ여日孝文時에吏ㅣ官에居ᄒᆞᆫ者ㅣ或子孫을長ᄒᆞ야官으로써氏를ᄒᆞ니倉氏와庫氏ㅣ則倉庫吏의後ㅣ라그二千石長吏ㅣ또官을安ᄒᆞ고職을樂ᄒᆞᆫ然後에上下ㅣ서로望ᄒᆞ야苟且의意가有치안터니그後에稍々變易ᄒᆞ야公卿以下ㅣ或官에居ᄒᆞᆫ지數月에退ᄒᆞ니中材ᄂᆞᆫ苟히全을求ᄒᆞ기容ᄒᆞ고下材ᄂᆞᆫ危를懷ᄒᆞ야內로顧ᄒᆞ니오쟉陛下ᄂᆞᆫ神을擇賢ᄒᆞᆷ에留ᄒᆞ샤善을記ᄒᆞ고過를忘ᄒᆞ소셔此ㅣ方今에急務ㅣ니이다

(戊午)四年이라二月에駙馬都尉侍中董賢이得幸於上ᄒᆞ야出則參乘ᄒᆞ고入御左右ᄒᆞ니賞賜累鉅萬이라貴震朝廷이러라 出佞幸傳

四年이라二月에駙馬都尉侍中董賢이幸을上에得ᄒᆞ야出ᄒᆞᆫ則參乘ᄒᆞ고入ᄒᆞᆫ즉左
右에御ᄒᆞ니賞賜ㅣ累鉅萬이라貴ᄒᆞᆷ이朝廷에震ᄒᆞ더라

匈奴單于ㅣ上書ᄒᆞ야願朝五年이어늘公卿이以爲虛費府帑이니 帑宅莽反 又音奴府物所聚也 帑藏金帛之所也 可且勿許라ᄒᆞ야늘揚雄이上書諫曰臣은聞六經之治는貴於未亂이오兵家之勝은貴於未戰이라ᄒᆞ니今單于ㅣ上書求朝어늘國家ㅣ不許而辭之ᄒᆞ니臣愚는以爲漢이與匈奴로從此隙矣라ᄒᆞ노이다

匈奴單于ㅣ書를上ᄒᆞ야五年을朝ᄒᆞ기願ᄒᆞ거늘公卿이써ᄒᆞ되虛히府帑을費ᄒᆞᆷ이니또ᄒᆞᆫ許치勿ᄒᆞᆷ이可ᄒᆞ다ᄒᆞ야늘揚雄이書를上ᄒᆞ야諫ᄒᆞ야曰臣은聞ᄒᆞ니六經의治는未亂에서貴히ᄒᆞ고兵家의勝은未戰에서貴히ᄒᆞᆫ다ᄒᆞ니今에單于ㅣ書를上ᄒᆞ야朝를求ᄒᆞ거늘國家ㅣ許치안코辭ᄒᆞ니臣愚는써ᄒᆞ되漢이匈奴로더브러此로從ᄒᆞ야隙ᄒᆞ겟다ᄒᆞ노이다

匈奴는本五帝도所不能臣이오三王도所不能制니其不可使隙이明甚ᄒᆞ니이다以秦始皇之彊과蒙恬之威로도然이나不敢窺西河ᄒᆞ야乃築長城以界之ᄒᆞ고會漢初興에以高祖之威靈과三十萬衆으로도困

於平城ᄒᆞ고高皇后時에匈奴ㅣ悖慢이어늘大臣이權書로遺之然後에得解ᄒᆞ고及孝文時에匈奴ㅣ侵暴北邊ᄒᆞ야候騎ㅣ至雍甘泉이어늘京師ㅣ大駭ᄒᆞ야發三將軍ᄒᆞ야屯細柳棘門霸上ᄒᆞ야以備之數月에乃罷ᄒᆞ고孝武ㅣ即位에設馬邑之權ᄒᆞ야(武帝使馬邑人聶翁一誘致單于單于疑之而還)欲誘匈奴ㅣ라가徒費財勞師ᄒᆞ고一虜도不可得見이어든況單于之面乎가잇

匈奴ᄂᆞᆫ本이五帝도能히臣치못ᄒᆞᆫ바이오三王도能히制치못ᄒᆞᆫ바이니그可히ᄒᆞ여곰隙치아니ᄒᆞᆯ것이明甚ᄒᆞ니이다秦始皇의彊과蒙恬의威로써도然이나敢히西河를窺치못ᄒᆞ야이에長城을築ᄒᆞ야써界ᄒᆞ고맛ᄎᆞᆷ漢이初로興ᄒᆞᆷ에高祖의威靈과三十萬衆으로도平城에셔困ᄒᆞ고高皇后時에匈奴ㅣ悖慢ᄒᆞ야大臣이權書로遺ᄒᆞᆫ然後에解ᄒᆞᆷ을得ᄒᆞ고밋孝文時에匈奴ㅣ北邊을侵暴ᄒᆞ야候騎ㅣ雍、甘泉에至ᄒᆞ거늘京師ㅣ크게駭ᄒᆞ야三將軍을發ᄒᆞ야細柳와棘門과霸上에屯ᄒᆞ야써備ᄒᆞᆫ지數月에이에罷ᄒᆞ고孝武ㅣ位에即ᄒᆞᆷ에馬邑의權을設ᄒᆞ야匈奴를誘코져ᄒᆞ다가徒히財를費ᄒᆞ고師를勞ᄒᆞ고一虜도可히得見치못ᄒᆞ엿거든況單于의面이리잇가

其後에深惟社稷之計ᄒᆞ고規恢萬載之策ᄒᆞ야乃大興師數十萬ᄒᆞ야使衛青霍去病으로操兵前後十餘年이라於是에浮西河ᄒᆞ며絕大幕ᄒᆞ며(幕即沙漠也直度曰絕沙土曰幕)破寘顔ᄒᆞ고(寘徒賢反匈奴中山名)襲王庭ᄒᆞ야窮極其地ᄒᆞ야追犇逐北ᄒᆞ야(逐北註見周赧王三十一年)封狼居胥山ᄒᆞ고禪於姑衍ᄒᆞ고以臨瀚海ᄒᆞ니(瀚海北海名在沙漠北)自是之後로匈奴ㅣ震怖ᄒᆞ야益求和親이나然而未肯稱臣也ᄒᆞ니이다

그後에深히社稷의計를惟ᄒᆞ고萬載의策을規恢ᄒᆞ야이에크게師數十萬을興ᄒᆞ야衛青과霍去病으로ᄒᆞ여곰兵을前後十餘年을操ᄒᆞᆫ지라이에西河에浮ᄒᆞ며大幕을絕ᄒᆞ며寘顔을破ᄒᆞ고王庭을襲ᄒᆞ야그地를窮極ᄒᆞ야追犇ᄒᆞ고逐北ᄒᆞ야狼居胥山에封ᄒᆞ고姑衍에禪ᄒᆞ야써瀚海를臨ᄒᆞ니이로부터後로匈奴ㅣ震怖ᄒᆞ야더욱和親을求ᄒᆞ나然이나肯ᄒᆞ야臣이라稱치아니ᄒᆞ니이다

且夫前世에豈樂傾無量之費ᄒᆞ고役無罪之人ᄒᆞ야快心於狼望之北哉리오마는(狼望匈奴中地名)以爲不一勞者는不久佚이오不暫費者는不永

寧이라ᄒᆞ야 是以로 忍百萬之師ᄒᆞ야 以摧餓虎之喙ᄒᆞ고 運府庫之財ᄒᆞ야 塡盧山之壑而不悔也ㅣ니이다 盧山即盧朐山也在匈奴中

또무릇前世에엇지無量의費를傾ᄒᆞ고無罪의人을役ᄒᆞ야心을狼望의北에快히홈을樂ᄒᆞ리오마는써ᄒᆞ되ᄒᆞᆫ번勞치아니ᄒᆞᆫ者는久히佚치못ᄒᆞ고暫히費치아니ᄒᆞᆫ者는永히寧치못ᄒᆞ다ᄒᆞ야이로써百萬의師를忍ᄒᆞ야써餓虎의喙를摧ᄒᆞ고府庫의財를運ᄒᆞ야盧山의壑을塡호ᄃᆡ悔치아니홈이니이다

至本始之初ᄒᆞ야 匈奴ㅣ有桀心ᄒᆞ야 欲掠烏孫ᄒᆞ고 侵公主어늘 乃發五將之師十五萬騎ᄒᆞ야 以擊之ᄒᆞ니 時에 鮮有所獲이오 徒奮揚威武ᄒᆞ야 明漢兵이 若雷風耳라 雖空行空反이나 尙誅兩將軍故로 北狄이 不服ᄒᆞ고 中國이 未得高枕安寢也러니

本始의初에至ᄒᆞ야匈奴ㅣ桀心이有ᄒᆞ야烏孫을掠ᄒᆞ고公主를侵코져ᄒᆞ거늘이에五將의師十五萬騎를發ᄒᆞ야써擊ᄒᆞ니時에獲ᄒᆞᆫ바가有홈이鮮ᄒᆞ고ᄒᆞᆫ갓威武를奮揚ᄒᆞ야漢兵이雷가耳에風홈갓흠을明ᄒᆞᆫ지라비록空行ᄒᆞ고空反ᄒᆞ나尙히兩將軍을誅ᄒᆞᆫ故로北狄이不服ᄒᆞ고中國이시러곰高枕ᄒᆞ고安寢치못ᄒᆞ엿더니

逮至元康神爵之間ᄒᆞ야 大化神明ᄒᆞ고 鴻恩이 博洽ᄒᆞ니 而匈奴ㅣ內亂ᄒᆞ야 五單于ㅣ 爭立이라 日逐呼韓邪ㅣ (呼韓邪匈奴單于之號邪時遮反宣帝五鳳元年稽侯㹪爲呼韓邪單于甘露二年款塞請朝後光武建武中日逐王出爲呼韓邪單于款塞請爲藩蔽) 携國歸死ᄒᆞ야 扶伏稱臣이나 (扶伏音匍匐) 然이나 尙羈縻之ᄒᆞ야 計不顓制ᄒᆞ니 自此之後로 欲朝者를 不距ᄒᆞ고 不欲者를 不彊이라 (彊其兩反彊勉也) 今單于ㅣ 歸義어늘 奈何로 疑而隙之ᄒᆞ야 使有恨心ᄒᆞ야 因以自絕ᄒᆞ야 終無北面之心이니잇고 書奏에 天子ㅣ 寤焉ᄒᆞ고 更報單于書而遣之ᄒᆞ다

逮ᄒᆞ야 元康과 神爵의 間에 至ᄒᆞ야 大化ㅣ 神明ᄒᆞ고 鴻恩이 博洽ᄒᆞ니 匈奴ㅣ 內로 亂ᄒᆞ야 五單于ㅣ 爭立ᄒᆞᆫ지라 日逐과 呼韓邪ㅣ 國을 携ᄒᆞ고 死에 歸ᄒᆞ야 扶伏ᄒᆞ고 臣이라 稱ᄒᆞ나 然이나 尙히 羈縻ᄒᆞ야 計가 顓制치 못ᄒᆞ니 此로 自ᄒᆞᆫ 後로 朝코져 ᄒᆞᄂᆞᆫ 者를 距치 안코 欲치 안ᄂᆞᆫ 者를 彊치 안은지라 今에 單于ㅣ 義에 歸ᄒᆞ거늘 엇지ᄒᆞ야 疑ᄒᆞ고 隙ᄒᆞ야 ᄒᆞ여곰 恨心을 두어 因ᄒᆞ야 써 自絕ᄒᆞ야 終에 北面의 心이 無케 ᄒᆞᄂᆞ잇고 書를 奏ᄒᆞᆷ에 天子ㅣ 寤ᄒᆞ고 다시 單于에게 書를 報ᄒᆞ야 遣ᄒᆞ다

致堂管見曰帝王於中國無事時鮮不欲開闢土地行師荒外服前代所不能服臣昔人所不能臣以爲一時駿功自偉其代也若漢武之於西北兩垂其勤勞費耗蓋前無比而垂繼矣苟使匈奴款塞面內不自欺詆亦可以少殺

疲弊之耻而償侵侮之患也然師行餘三十年卒不得如志至於宣元成哀無意武功者乃坐享其成至若渭上受
儀單于執國珍襲冠帶稱臣贊謁稱首而朝則武帝平生所願欲而不得見者哀帝之世漢旣衰矣匈奴烏孫猶不
廢禮西域佩印五十餘君雖曰中國榮觀譬猶大木遠條枝葉尙茂而蠹生心腹根幹將顚矣于是時縱使
九夷八蠻罔不扶伏闕庭之下夫亦何補是故聖主專務治內以固其本不勤遠畧而忽邇圖其慮遠矣

(鈞)與均通

(己未)元壽元年이라以孔光으로爲丞相ᄒᆞ다光이知上이欲尊寵董
賢ᄒᆞ고下車拜謁ᄒᆞ야不敢以賓客鈞敵之禮ᄒᆞ니賢이由是로權與人
主侔矣러라

元壽元年이라孔光으로써丞相을삼다光이上이董賢을尊寵코져홈을知ᄒᆞ고車에
下ᄒᆞ야拜謁ᄒᆞ야敢히賓客鈞敵의禮로써아니ᄒᆞ니賢이是로由ᄒᆞ야權이人主로더
브러侔ᄒᆞ더라

(祿去王室)謂政在王氏也

(庚申)二年이라六月에帝ㅣ崩ᄒᆞ다帝ㅣ睹孝成之世에祿去王室이러니
及即位에屢誅大臣ᄒᆞ야欲彊主威ᄒᆞ야以則武宣이나 謂以武帝宣帝爲法則也 然而
寵信讒諂ᄒᆞ고憎疾忠直ᄒᆞ니漢業이由是遂衰러라 出本紀無然而寵信讒諂以下

二年이라六月에帝ㅣ崩ᄒᆞ다帝ㅣ孝成의世에祿이王室에去홈을睹ᄒᆞ엿더니밋
即位홈에屢히大臣을誅ᄒᆞ야主威를彊ᄒᆞ야써武宣을則코져ᄒᆞ나然ᄒᆞ나讒

諂을寵信하고忠直을憎疾하니漢業이是로由하야드듸여衰하더라

孝平皇帝 名衎元帝之孫中山箕王之子哀帝崩無子太皇太后議迎立爲太子九月即皇帝位帝年方九歲太皇太后臨朝大司馬莽秉政 在位五年

王莽弑之 壽一十四 孝平不造新都作宰不伊不周喪我四海

(辛酉)元始元年이라 春正月에 王莽이 風益州하야 風讀曰諷 令塞外蠻夷로 自稱越裳氏하고 重譯獻白雉一黑雉二하니 越裳南方遠國名在交趾南周成王時嘗重九譯獻白雉 於是에 羣臣이 盛陳莽功德하대 致周成白雉之瑞하니 莽을 宜賜號安漢公이다하야지 出王莽傳

新增林氏曰陳勝將起以丹書帛置之魚腹使吳廣效狐鳴於叢祠王莽將篡風益州塞外蠻夷自稱越裳氏以獻白雉然勝之謀僅足以誑戍卒而漢朝公卿乃爲莽之所誑其不知之耶抑知之而相率爲僞耶

元始元年이라春正月에王莽이益州에風하야塞外蠻夷로하여곰스스로越裳氏라稱하고重譯하야白雉一과黑雉二를獻하니이에羣臣이盛히莽의功德을陳호대周成白雉의瑞를致하니莽을宜히號安漢公을賜하야지이다

(壬戌)二年이라 春에 越巂郡이 上하대 黃龍이 游江中이라하야늘 太師孔光과 大司徒馬宮等이 咸稱莽功德하야 比周公하다

布綱治紀曰平

(重譯)彙傳夷夏之言而轉告也

二年이라春에越巂郡이上호되黃龍이江中에서游혼다호거늘太師孔光과大司徒馬宮等이다莽의功德을稱호야周公에比호다

梅福이**知王莽**이**必簒漢祚**호고**一朝**에**棄妻子去**호야**不知所之**러니**其後**에**人**이**有見福於會稽者**호니**變名姓**호고**爲吳市門卒云**이라 出本傳

梅福이王莽이반다시漢祚를簒홀줄知호고一朝에妻子를棄호고去호야之혼바를知치못호겟더니其後에人이福을會稽에서見혼者ㅣ有호니名姓을變호고吳市門卒이되얏다云호더라

[癸亥]三年이라**北海逢萌**이**謂友人曰三綱**이**絕矣**라**不去**면**禍將及人**이라호고**即解冠**호야**掛東都城門**호고**歸將家屬**호야**浮海**호야**客於遼東**호다 出逢萌傳

三年이라北海逢萌이友人다려謂호여曰三綱이絕혼지라去치아니호면禍가장춧人에及혼다호고고冠을解호야東都城門에掛호고歸호야家屬을거나려海에浮호야遼東에서客호다

新增林氏曰莽逆節旣萠漢朝公卿爲之犬馬曾不少愧而梅福隱會稽逢萌客遼東若將浼焉者夫子曰篤信好學守死善道危邦不入亂邦不居二子爲得之

[甲子]四年이라**夏**에**釆伊尹周公稱號**호야**加安漢公**호야**爲宰衡**호다

四年이라夏에伊尹과周公의稱號를采ᄒᆞ야安漢公을加ᄒᆞ야宰衡을삼다

「乙丑」五年이라 夏五月에 策命安漢公莽以九錫ᄒᆞ다 王氏曰禮緯云禮有九錫一輿馬二衣服三樂則四朱戶五納陛六虎賁七弓矢八鈇鉞九秬鬯皆所以勸善扶不能白虎通曰能安民者賜輿馬能富民者賜衣服能和民者賜樂則民衆多者賜朱戶能進善者賜納陛能退惡者賜虎賁能誅有罪者賜鈇鉞能征不順者賜弓矢孝道備者賜秬鬯舊說解輿馬謂大輅戎輅各一玄馬二也衣服謂玄裳樂則謂軒縣之樂也朱戶謂所居之室朱其戶也納陛謂從中陛而升也虎賁謂三百人也弓矢謂彤旅之弓矢也鈇鉞謂大柯斧賜之專殺也秬鬯謂秬鬯之酒賜以祭祀也

五年이라夏五月에安漢公莽을九錫으로써策命ᄒᆞ다

冬十一月에 莽이 因臘日上椒酒ᄒᆞᆯ서 漢以大寒後戌日爲臘記月令孟冬臘祭祖按臘獵也臘取禽獸祭先祖重本始也 置毒酒中이러니 帝ㅣ有疾이어늘 莽이 作策ᄒᆞ야 請命於泰時ᄒᆞ야 願以身代ᄒᆞ고 藏策金縢ᄒᆞ야 武王有疾周公請命二王欲以身代死史錄其策藏之於匱編之以金故曰金縢也縢即束縛之義 置于前殿ᄒᆞ고 敕諸公ᄒᆞ야 莫敢言ᄒᆞ니라 丙午에 帝ㅣ崩ᄒᆞ다

冬十二月에莽이臘日에椒酒上ᄒᆞᆷ을因ᄒᆞ야毒을酒中에置ᄒᆞ엿더니帝ㅣ疾이有ᄒᆞ거늘莽이策을作ᄒᆞ야命을泰時에請ᄒᆞ야身으로써代ᄒᆞ기願ᄒᆞ고策을金縢에藏ᄒᆞ야前殿에置ᄒᆞ고諸公을敕ᄒᆞ야敢히言치못ᄒᆞ게ᄒᆞ니라丙午에帝ㅣ崩ᄒᆞ다

班固贊曰孝平之世政自莽出褒善顯功以自尊盛觀其文辭方外百蠻無思不服休徵嘉應頌聲並作至于變異見於上民怨作於下莽亦不能支也

新增尹氏曰平帝之終前史雖明言置毒酒中然皆以帝崩爲文至朱夫子綱目書之曰安漢公莽弑帝始正名定罪直書弑逆者所以誅亂臣賊子爲萬世戒耳

是月에 前煇光謝囂詩驕反(釋義)莽分京師爲前煇光後承烈二郡 奏ᄒᆞ대 武功長孟通이 浚井이라가 得白石ᄒᆞ니 上圓下方ᄒᆞ고 有丹書著石文ᄒᆞ니著直略反附也 曰告安漢公莽이 爲皇帝ᄒᆞ니라 符命之起ㅣ 自此始矣라 於是에 羣臣이 奏太后ᄒᆞ야 請安漢公踐阼ᄒᆞ고釋義記武王世子成王幼不能涖阼周公相踐阼而治注云涖視踐履也成王不能視阼階行人君之事周公代履阼階攝王位治天下 謂之攝皇帝라ᄒᆞᆫ대 詔曰可라ᄒᆞ다出莽傳

이달에前煇光謝囂ㅣ奏ᄒᆞ되武功長孟通이井을浚ᄒᆞ다가白石을得ᄒᆞ니上이圓ᄒᆞ고下가方ᄒᆞ야丹書ㅣ잇셔石文에著ᄒᆞ니曰安漢公莽이皇帝됨을告ᄒᆞᆷ이라ᄒᆞ니符命의起ㅣ此로自ᄒᆞ야始ᄒᆞ얏더라이에羣臣이太后에게奏ᄒᆞ야安漢公으로阼를踐ᄒᆞ고謂ᄒᆞ야攝皇帝라ᄒᆞ깃다請ᄒᆞᆫ되詔ᄒᆞ야曰可타ᄒᆞ다

歷年圖曰高祖奮布衣提三尺劍五年而成帝業其收功之速如是何哉惟知人善任使而已故高祖曰鎭國家撫百姓不如蕭何運籌策決成敗不如子房戰必勝攻必取不如韓信三者皆人傑吾能用之所以取天下韓信亦曰陛下不善將兵而善將將斯言盡之矣呂氏之亂漢氏不絶如綫然而卒不能爲患者外有宗藩之疆內有絳灌之忠也文景之時家給人足幾致刑措後世皆知稱慕莫能及之夫氏之情何嘗不欲安樂而富壽哉文景能勿擾之而已矣孝武喜淫侈慕神仙宮室無度巡遊不息窮兵於四夷嚴刑而重賦迹其行事視始皇何遠哉止以崇儒重道求賢納諫故其成敗若此之殊也孝昭以童稚之年辨霍光之忠確然不可動何天資之明也然光猶專政

而不歸此則光之罪矣孝宣總覈名實信賞必罰吏稱其職民安其業方之孝武功烈優焉孝元優游不斷漢業始衰孝成荒于酒色委政外家孝哀狠愎不明嬖幸盈朝陵夷至于孝平以幼沖嗣位王莽因之遂移漢祚莽恃其詐慝煩民玩兵罪盈怨而天下叛之矣

右西漢十二帝二百一十四年幷王莽更始合二百三十

(孺子)幼少之稱也元帝世絕宣帝曾孫有見王五人列侯四十八人莽惡其長大曰兄弟不得相爲後乃悉徵宣帝玄孫選立之時年十二託以十吉立之

漢紀

孺子嬰 廣戚侯勳之孫顯之子也年二歲王莽立之 在位三年 附 王莽 字巨君王曼子莽改國號曰新 僭位一十八年漢兵殺之 莽匿情求名繼四父而輔政遂移漢祚恃其詐慝煩民玩兵罪盈怨積而天下畔之 增校 舊以王莽紀年今照而正之

(丙寅)居攝元年이라 三月에 莽이 立宣帝玄孫嬰ᄒᆞ야 爲皇太子ᄒᆞ고 號曰孺子라ᄒᆞ다

居攝元年이라 三月에 莽이 宣帝玄孫嬰을 立ᄒᆞ야 皇太子를 삼고 號ᄒᆞ야 曰孺子라ᄒᆞ다

(丁卯)二年이라 東郡太守翟義ㅣ 翟徒歷反翟方進之子也 擧兵西ᄒᆞ야 誅不當攝者ᄒᆞ라ᄒᆞ고 移檄郡國ᄒᆞ니 衆이 十餘萬이라 檄胡歷反符驗也 莽이 聞之ᄒᆞ고 惶懼不能食ᄒᆞ야 乃使王邑等으로 繫義ᄒᆞ고 莽이 依周書ᄒᆞ야 作大誥ᄒᆞ야 諭告天下以當

返位孺子之意ᄒᆞ니於是에吏士ㅣ攻義破之ᄒᆞ다 出莽傳

二年이라東郡太守翟義ㅣ兵을擧ᄒᆞ고西로ᄒᆞ야當히攝지못ᄒᆞᆯ者를誅ᄒᆞᆫ다ᄒᆞ고檄을郡國에移ᄒᆞ니衆이十餘萬이라莽이聞ᄒᆞ고惶懼ᄒᆞ야能히食지못ᄒᆞ야이에王邑等으로ᄒᆞ여곰義를擊ᄒᆞ고莽이周書를依ᄒᆞ야大誥를作ᄒᆞ야天下에當히孺子를返位ᄒᆞᆯ意로써諭誥ᄒᆞ니이에吏士ㅣ義를攻ᄒᆞ야破ᄒᆞ다

(戊辰)初始元年이라莽이自謂威德이日盛ᄒᆞ야大獲天人之助ㅣ라ᄒᆞ야遂謀卽眞之事矣러니十一月에以居攝三年으로爲初始元年ᄒᆞ고卽眞天子位ᄒᆞ야定有天下之號曰新이라ᄒᆞ다

初始元年이라莽이스ᄉᆞ로謂호ᄃᆡ威德이日로盛ᄒᆞ야大히天人의助를獲ᄒᆞ얏다ᄒᆞ야드ᄃᆡ여眞에卽ᄒᆞᆯ事를謀ᄒᆞ더니十一月에居攝三年으로써初始元年을삼고眞天子位에卽ᄒᆞ야天下를定有ᄒᆞᆫ號를曰新이라ᄒᆞ다

[己巳]新莽始建國元年 春正月에莽이廢孺子ᄒᆞ야爲安定公ᄒᆞ고孝平皇后로爲安定太后ᄒᆞ다

春正月에莽이孺子를廢ᄒᆞ야安定公을삼고孝平皇后로安定太后를삼다

莽이 因漢承平之業과 府庫百官之富ᄒᆞ야 百蠻이 賓服ᄒᆞ고 天下ㅣ晏
然이라 莽이 一朝有之ᄒᆞ니 其心意ㅣ 未滿ᄒᆞ야 陋小漢家制度ᄒᆞ고 欲更
爲疏闊ᄒᆞ야 乃曰古者에 一夫ㅣ 田百畝에 什一而稅ᄒᆞ대 則國給民
富而頌聲이 作이러니 秦이 壞聖制ᄒᆞ야 廢井田ᄒᆞ니 是以로 兼幷이 起ᄒᆞ고 貪
鄙ㅣ 生ᄒᆞ야 彊者는 規田以千數ᄒᆞ며 弱者는 曾無立錐之居라 漢氏ㅣ
減輕田租ᄒᆞ야 三十而稅一ᄒᆞ대 常有更賦ᄒᆞ야 罷癃이 咸出(更工衡反 罷音疲 癃音隆)而
豪民이 侵陵ᄒᆞ야 分田刼假ᄒᆞ니(刼謂富人刼奪其稅侵欺之也 假謂貧人賃富人之田也 分田謂貧者無田取富者田耕其分有取也) 厥名은
三十稅一이로디 實什稅伍也라 故로 富者는 犬馬ㅣ 餘菽粟ᄒᆞ야 驕而
爲邪ᄒᆞ고 貧者는 不厭糟糠ᄒᆞ야 窮而爲姦ᄒᆞ야 俱陷于辜ᄒᆞ야 刑用이 不
錯ᄒᆞ니(錯千古反 錯置也 古者民不犯法 刑錯而不用 今則刑用而不錯) 今更名天下田曰王田이라ᄒᆞ고 奴婢曰私屬
이라ᄒᆞ야 皆不得賣買ᄒᆞ고 其男口ㅣ 不盈八而田過一井者는 分餘田
ᄒᆞ야 予九族鄰里鄉黨ᄒᆞ고 敢有非井田聖制오 無法惑衆者어든 投

諸四裔ᄒᆞ야 四裔之地去王城四千里裔衣裾也 以禦魑魅ᄒᆞ라 魑音螭山神也魅音妹老物精也出莽傳

莽이漢承平의業과府庫百官의富를因ᄒᆞ야百蠻이賓服ᄒᆞ고天下ㅣ晏然ᄒᆞᆫ지라莽
莽이一朝에有ᄒᆞ니그心意가滿치못ᄒᆞ야漢家制度를陋小ᄒᆞ고다시疎闊ᄒᆞ게ᄒᆞ고
저ᄒᆞ야이에曰古者에一夫ㅣ田百畝에什에一을稅호ᄃᆡ곳國이給ᄒᆞ고民이富ᄒᆞ고
頌聲이作ᄒᆞ더니秦이聖制를壞ᄒᆞ야井田을廢ᄒᆞ니이로써兼并이起ᄒᆞ고貪鄙ㅣ生
ᄒᆞ야疆者ᄂᆞᆫ田을千數로써規ᄒᆞ고弱者ᄂᆞᆫ일즉이立錐의居가無ᄒᆞᆫ지라漢氏ㅣ田租
ᄅᆞᆯ減輕ᄒᆞ야三十에一을稅호ᄃᆡ常히更賦가有ᄒᆞ야罷癃이咸出ᄒᆞ고豪民이侵陵ᄒᆞ
야田을分ᄒᆞ야刧ᄒᆞ고假ᄒᆞ니厥名은三十에稅一이로ᄃᆡ實은什에稅ㅣ五라故로富
者ᄂᆞᆫ犬馬라도菽粟이餘ᄒᆞ야驕ᄒᆞ야邪ᄒᆞ고貧者ᄂᆞᆫ糟糠을不厭ᄒᆞ야窮ᄒᆞ야姦ᄒᆞ야
俱히辜에陷ᄒᆞ야刑用이不錯ᄒᆞ니이에다시天下田을名ᄒᆞ야曰王田이라ᄒᆞ고奴婢
ᄂᆞᆫ曰私屬이라ᄒᆞ야다賣買ᄅᆞᆯ得지못ᄒᆞ고그男口ㅣ八에盈치못ᄒᆞ고田이一井에過
ᄒᆞᆫ者ᄂᆞᆫ餘田을分ᄒᆞ야九族과隣里와鄕黨을予ᄒᆞ고敢히井田聖制가아니오無法으
로衆을惑ᄒᆞᄂᆞᆫ者ㅣ有ᄒᆞ거든四裔에投ᄒᆞ야써魑魅ᄅᆞᆯ禦ᄒᆞ라

新增胡氏曰井田良法致治之本也古之帝王以天下爲公視民飢寒如在己故均地利以子民而不專其奉加以公卿諸侯選賢擧德共行此道特以悠久故法立而弊不生維持千有餘年及秦廢之漢不能復至董仲舒始欲以限田漸復古制其意甚美然終不能行者以人主自爲兼幷無以使民興於廉也又況莽賊而能行乎然井田實万世之良法而買賣奴婢之禁亦仁政所當先不可以莽所嘗爲而指以爲非也

〔辛未〕新莽三年 莽이 恃府庫之富ᄒᆞ고 欲立威匈奴ᄒᆞ야 乃遣孫憙等ᄒᆞ야 率十二將ᄒᆞ고 分道並出이어늘 嚴尤ㅣ 諫曰匈奴爲害ㅣ 所從來ㅣ 久矣로대 未聞上世에 有必征之者也라로 後世三家周秦漢이 征之나 然而未有得上策者也요 周得中策ᄒᆞ고 漢得下策ᄒᆞ고 秦無策焉이라

莽이府庫의富ᄅᆞᆯ恃ᄒᆞ고威ᄅᆞᆯ匈奴에立ᄒᆞ고져ᄒᆞ야이에孫憙等을遣ᄒᆞ야十二將을率ᄒᆞ고道ᄅᆞᆯ分ᄒᆞ야幷出ᄒᆞ거ᄂᆞᆯ嚴尤ㅣ諫ᄒᆞ야曰匈奴의害됨이從來ᄒᆞᆫ바ㅣ久ᄒᆞᆫ지라上世에반다시征ᄒᆞᆫ者ㅣ有ᄒᆞᆷ을聞치못ᄒᆞ얏노라後世三家周秦漢이征ᄒᆞ나然ᄒᆞ나上策을得ᄒᆞᆫ者ㅣ잇지안코周ㅣ中策을得ᄒᆞ고漢이下策을得ᄒᆞ고秦이策이無ᄒᆞᆫ지라

周宣王時에 玁狁이 內侵ᄒᆞ야 (按匈奴之傳唐虞以上曰山戎亦曰薰鬻夏曰淳維殷曰鬼方周曰玁狁秦漢曰匈奴) 至于涇陽이어늘 命將征之ᄒᆞ야 盡境而還ᄒᆞ니 其視玁狁之侵을 譬猶蟁䖟ᄒᆞ야 毆之而已라 故로 天下ㅣ 稱明ᄒᆞ니 是爲中策이오

周宣王時에玁狁이內侵ᄒᆞ야涇陽에至ᄒᆞ거ᄂᆞᆯ將을命ᄒᆞ야征ᄒᆞ야境을盡ᄒᆞ고還ᄒᆞ

니그玁狁의侵홈을視호기를譬컨딘蝨蟲과갓호야毆홀다름이라故로天下ㅣ明호다稱호니이中策이되고

漢武帝는選將鍊兵호고約賫輕糧호야深入遠戍호야雖有克獲之功이나胡ㅣ輒報之라兵連禍結호야三十餘年에中國이疲弊호고匈奴ㅣ亦創艾而天下ㅣ稱武호니是爲下策이오

漢武帝는將을選호고兵을鍊호고輕糧을約賫호야深히遠戍에入호야비록克獲의功이有호나胡ㅣ믄득報혼지라兵이連호야禍를結호야三十餘年에中國이疲弊호고匈奴ㅣ또創艾호나天下ㅣ武라稱호니이下策이되고

秦皇은不忍小恥而輕民力호야築長城호니延袤萬里라轉輸之行이起於負海호야疆境이旣全호대中國이內竭호야以喪社稷호니是爲無策이라今天下ㅣ比年飢饉호대北邊이尤甚호니大用民力이라도功不可必이니臣伏憂之호노이다莽이不聽호다

秦皇은小恥를忍치못호고民力을輕히호야長城을築호니延袤萬里라轉輸의行이負海에起호야疆境이임의全호되中國이內로竭호야써社稷을喪호니이無策이되

는지라今天下ㅣ年을比ᄒᆞ야飢饉ᄒᆞ되北邊이尤甚ᄒᆞ니大히民力을用ᄒᆞ드라도功
을可히必치못ᄒᆞᆯ지니臣은伏ᄒᆞ야憂ᄒᆞ노이다莽이듯지안는지라

北邊이自宣帝以來로數世를不見煙火之警ᄒᆞ니人民이熾盛ᄒᆞ고
牛馬ㅣ布野ㅣ러니及莽이撓亂匈奴ᄒᆞ야與之搆難ᄒᆞ야邊民이死亾係
獲ᄒᆞ니數年之間에北邊이空虛ᄒᆞ고野有暴骨矣러라 出匈奴傳

北邊이宣帝로부터써옴으로數世를煙火의警을見치못ᄒᆞ니人民이熾盛ᄒᆞ고牛馬
ㅣ野에布ᄒᆞ더니莽이匈奴를撓亂ᄒᆞ야與ᄒᆞ야難을搆ᄒᆞᆷ에及ᄒᆞ야는邊民이死亾ᄒᆞ
고係獲ᄒᆞ니數年의間에北邊이空虛ᄒᆞ고野에暴骨이有ᄒᆞ더라

莽이遣使者ᄒᆞ야奉璽書印綬ᄒᆞ고迎龔勝ᄒᆞ니勝이稱病篤이어늘使者ㅣ
以印綬로就加勝身ᄒᆞᆫ대勝이輒推不受ᄒᆞ고謂門人高暉等曰吾
ㅣ受漢家厚恩ᄒᆞ야無以報오今年老矣라誼豈以一身으로事二姓
이리오語畢에遂不復開口飮食ᄒᆞ고積十四日에死ᄒᆞ다 出勝傳

莽이使者를遣ᄒᆞ야璽書印綬를奉ᄒᆞ고龔勝을迎ᄒᆞ니勝이病이篤ᄒᆞᆷ을稱ᄒᆞ거늘使
者ㅣ印綬로써就ᄒᆞ야勝의身에加ᄒᆞᆫ듸勝이믄득推ᄒᆞ야밧지안코門人高暉等다려

(巢由)巢父許由也高士傳許由字武仲聞堯治天下而讓焉遁於潁水之陽箕山之下堯又召爲九州之長由不欲聞之洗耳於潁水巢父牽犢欲飲之見由洗耳曰汙吾犢口遂牽犢上

謂ᄒᆞ야曰吾ㅣ漢家의厚恩을受ᄒᆞ야써갑지못ᄒᆞ고이제年이老ᄒᆞᆫ지라誼가읏지一身으로써二姓을事ᄒᆞ리오語를畢홈에드듸여다시口를開ᄒᆞ야飮食지안코積ᄒᆞᆫ지十四日에死ᄒᆞ다

是時에淸名之士에 又有紀逡薛方郇越郇相唐林唐遵ᄒᆞ니(逡千旬反)(郇音旬) 皆以明經으로爲行ᄒᆞ야顯名於世라 紀逡兩唐은皆仕莽ᄒᆞ고郇相은爲莽太子四友ᄒᆞ다 莽이 以安車로迎薛方대ᄒᆞᆫ 方이 謝曰堯舜이 在上에下有巢由라 今明主ㅣ方隆唐虞之德ᄒᆞ시니 小臣이 欲守箕山之節이ᄒᆞ노다 莽이 說其言ᄒᆞ야不彊致ᄒᆞ니라

이ᄯᅢ에淸名의士에ᄯᅩ紀逡과薛方과郇越과郇相과唐林과唐遵이有ᄒᆞ니다明經爲行으로써名을世에顯ᄒᆞᆫ지라紀逡과兩唐은다莽에게仕ᄒᆞ고郇相은莽의太子四友가되다莽이安車로써薛方을迎ᄒᆞᆫᄃᆡ方이謝ᄒᆞ야曰堯舜이上에在홈에下에巢由ㅣ有ᄒᆞᆫ지라今에明主ㅣ바야흐로唐虞의德을隆ᄒᆞ시니小臣이箕山의節을守코저ᄒᆞ노이다莽이그言을說ᄒᆞ야彊히致치아니ᄒᆞ니라

班固贊曰春秋列國卿大夫及至漢興將相名臣懷祿耽寵以失其心者多矣是故淸節之士於是爲貴然大率多能自治而不能治人王貢之材優於龔鮑守死善道勝實蹈焉貞而不諒薛方近之郭欽蔣詡好遯不汙絕紀唐矣

流飮之

絶殊也謂殊於紀 逡唐林唐遵遠也

(丁丑)天鳳四年 莽의性이躁擾ᄒᆞ야不能無爲대로每有所興造에動欲慕古ᄒᆞ야不度時宜ᄒᆞ고制度를又不定ᄒᆞ니吏緣爲姦이라 吏俗人者也旁緣而爲姦欺 天下警警ᄒᆞ야陷刑者ㅣ衆이러라 出食貨志

莽의性이躁ᄒᆞ고擾ᄒᆞ야能히無爲치못ᄒᆞ되미양興造ᄒᆞᄂᆞᆫ바ㅣ有ᄒᆞᆷ에動ᄒᆞ야古를慕코져ᄒᆞ야時宜를度지아니ᄒᆞ고制度를또定치아니ᄒᆞ니吏ㅣ緣ᄒᆞ야姦을ᄒᆞᄂᆞᆫ지라天子ㅣ下ᄒᆞ야刑에陷ᄒᆞᄂᆞᆫ者ㅣ衆ᄒᆞ더라

莽의法令이煩苛ᄒᆞ니民이搖手觸禁ᄒᆞ야不得耕桑ᄒᆞ고繇役이煩劇而枯旱蝗蟲이相因ᄒᆞ고獄訟不決ᄒᆞ고吏用苛暴立威ᄒᆞ야旁緣莽禁ᄒᆞ야侵刻小民ᄒᆞ니富者는不能自保ᄒᆞ고貧者는無以自存이러니於是에並起爲盜賊ᄒᆞ니荆州新市人王匡王鳳과南陽馬武와潁川王常成丹이共聚藏於綠林山中ᄒᆞ야至七八千人이러라

莽의法令이煩苛ᄒᆞ니民이手를搖ᄒᆞᆷ에禁에觸ᄒᆞ야耕桑을得치못ᄒᆞ고繇役이煩劇

고枯旱蝗蟲이셔로因ᄒᆞ고獄訟이決치못ᄒᆞ고吏ㅣ苛暴를用ᄒᆞ야威를立ᄒᆞ야旁으로莽의禁을緣ᄒᆞ야小民을侵刻ᄒᆞ니富者는能히自保치못ᄒᆞ고貧者는셔ᄉᆞ로存홀슈업는지라이에竝히起ᄒᆞ야盜賊이되니荊州新市人王匡과王鳳과南陽馬武와潁川王常과成丹이共히綠林山中에聚藏ᄒᆞ야七八千人에至ᄒᆞ더라

(戊寅)五年 琅琊樊崇이起兵於莒ᄒᆞ니一歲間에至萬餘人이러라

琅琊樊崇이兵을莒에起ᄒᆞ니一歲間에萬餘人에至ᄒᆞ더라

(壬午)地皇三年 樊崇等이聞莽이將討之ᄒᆞ고恐其衆이與莽兵으로亂ᄒᆞ야乃皆朱其眉ᄒᆞ야以相識別ᄒᆞ니由是로號曰赤眉라ᄒᆞ다

樊崇等이莽이장ᄎᆞᆺ討홈을聞ᄒᆞ고그衆이莽의兵으로더브러亂홀가恐ᄒᆞ야이에다그眉를朱ᄒᆞ야써相히識別ᄒᆞ니是로由ᄒᆞ야號ᄒᆞ야曰赤眉라ᄒᆞ다

初에長沙定王發四世孫南頓令欽이生三男ᄒᆞ니縯仲秀라 縯音衍 縯은性이剛毅慷慨ᄒᆞ야有大節ᄒᆞ고秀는隆準日角이오 隆高也準謂鼻頭也日角謂庭中骨起狀如日也 性勤稼穡ᄒᆞ니縯이常非笑之ᄒᆞ야 縯好俠養士每見其弟事田業輒非而笑之 比於高祖兄仲이러다

仲高祖兄之名也高祖曰始大人常以臣亾賴不能治產業不如仲方今某之業孰與仲多

初에長沙定王發의四世孫南頓令欽이三男을生ᄒᆞ니縯과仲과秀ㅣ라縯은性이剛毅慷慨ᄒᆞ야大節이有ᄒᆞ고秀ᄂᆞᆫ隆準日角이오性이稼穡을勤ᄒᆞ니縯이常히非笑ᄒᆞ야高祖兄仲에게比ᄒᆞ더라

宛人李守ㅣ好星曆讖記러니嘗謂其子通曰劉氏當興이니李氏ㅣ爲輔라ᄒᆞ더라及新市平林兵이起에南陽이騷動이어늘通의從弟軼이（弋質反）**謂通曰今四方이擾亂ᄒᆞ니漢當復興이라南陽宗室에獨劉伯升兄弟ㅣ汎愛容衆ᄒᆞ니可與謀大事라ᄒᆞᆫ대通이笑曰吾意也라ᄒᆞ고遣軼往迎秀ᄒᆞ야與相約ᄒᆞ야結定謀議ᄒᆞ고歸春陵擧兵ᄒᆞ다**（春陵鄕名本屬零陵郡漢元時從南陽蔡陽縣白水鄕仍號春陵按今道州古春陵郡）

宛人李守ㅣ星曆과讖記를好ᄒᆞ더니嘗히ユ子通다려謂ᄒᆞ야曰劉氏ㅣ當히興ᄒᆞᆯ지나李氏ㅣ輔ᄒᆞ리라ᄒᆞ더라밋新市平林兵이起ᄒᆞᆷ에南陽이騷動ᄒᆞ거ᄂᆞᆯ通의從弟軼이通다려謂ᄒᆞ여曰今에四方이擾亂ᄒᆞ니漢이當히다시興ᄒᆞᆯ지라南陽宗室에ᄒᆞᆯ노劉伯升兄弟ㅣ汎愛히ᄒᆞ고衆을容ᄒᆞ니可히더브러大事를謀ᄒᆞᆯ지라ᄒᆞᆫ되通이笑ᄒᆞ야曰吾ㅣ意ᄒᆞ엿다ᄒᆞ고軼을遣ᄒᆞ야往ᄒᆞ야秀를迎ᄒᆞ야더브러서로約ᄒᆞ야謀議를

兵市平林新綠林賊乃各分散王匡等北入南陽號新市兵王常等西入南郡號下江兵中林人陳牧廖湛等復聚衆千餘人號平林兵以應新市

結定ᄒᆞ고春陵에歸ᄒᆞ야兵을擧ᄒᆞ다

於是에縯이自發春陵子弟ᄒᆞ니諸家子弟ㅣ恐懼ᄒᆞ야皆亾匿이러니及見秀의絳衣大冠ᄒᆞ고(大冠武冠也俗爲之大冠環纓無蕤以靑絲爲緄加雙鶡尾竪左右謂之鶡冠鶡音芬勇雉也其鬪對一死而止)皆驚曰謹厚者도亦復爲之라ᄒᆞ고乃稍自安ᄒᆞ야凡得子弟七八千人ᄒᆞ야與下江將王常及新市平林兵으로合ᄒᆞ니於是에諸部ㅣ齊心ᄒᆞ야銳氣益壯이러라(出光武紀及劉縯王常傳)

이에縯이ᄉᆞᄉᆞ로春陵子弟를發ᄒᆞ니諸家子弟ㅣ恐懼ᄒᆞ야亾匿ᄒᆞ더니밋秀의絳衣와大冠을見ᄒᆞ고다驚ᄒᆞ야曰謹厚者도ᄯᅩᄒᆞᆫ다시ᄒᆞᆫ다ᄒᆞ고이에稍히ᄉᆞᄉᆞ로安ᄒᆞ야무릇子弟七八千人을得ᄒᆞ야下江將王常과밋新市平林兵으로더부러合ᄒᆞ니이에諸部ㅣ心을齊ᄒᆞ야銳氣ㅣ더욱壯ᄒᆞ더라

淮陽王(名玄字聖公光武族兄莽末漢兵起無所統一諸將共議立聖公爲帝其後兵敗降於赤眉建武元年光武詔封爲淮陽王) **在位一年**(人心思漢衆共立之天下大器豈非才所能得哉)

(癸未)(更始元年○更音庚)正月에漢兵이圍宛ᄒᆞ다春陵戴侯曾孫玄이在平林

兵中ᄒᆞ야 號를 更始將軍이라ᄒᆞ니 時에 漢兵이 已十餘萬이라 欲立劉氏ᄒᆞ야 以從人望ᄒᆞᆯ시 南陽豪傑과 及王常等은 皆欲立劉縯而新市平林將帥는 樂放縱ᄒᆞ야 憚縯威明ᄒᆞ고 貪玄懦弱ᄒᆞ야 先共定策立之ᄒᆞᆫ대 玄이 即皇帝位ᄒᆞ야 朝羣臣ᄒᆞᆯ시 羞愧流汗ᄒᆞ야 擧手不能言ᄒᆞ니 由是로 豪傑이 失望ᄒᆞ야 多不服이러라 出齊武王縯傳

正月에漢兵이宛을圍ᄒᆞ다春陵戴侯曾孫玄이平林兵中에在ᄒᆞ야號를更始將軍이라ᄒᆞ니時에漢兵이임의十餘萬이라劉氏를立ᄒᆞ야써人望을從코져ᄒᆞᆯ시南陽豪傑과밋王常等은다劉縯을立코져ᄒᆞ되新市平林將帥은放縱을樂ᄒᆞ야縯의威明을憚ᄒᆞ고玄의懦弱을貪ᄒᆞ야먼저共히策을定ᄒᆞ고立ᄒᆞᆫ되玄이皇帝位에即ᄒᆞ야羣臣을朝ᄒᆞᆯ시羞愧ᄒᆞ야汗을流ᄒᆞ야手를擧ᄒᆞ고能히言치못ᄒᆞ니是로由ᄒᆞ야豪傑이望을失ᄒᆞ야不服ᄒᆞᆷ이多ᄒᆞ더라

三月에 將軍劉秀等이 徇昆陽定陵郾ᄒᆞ야 皆下之ᄒᆞ다 莽이 遣王邑王尋ᄒᆞ야 發兵平定山東ᄒᆞ고 又驅諸猛獸虎豹犀象之屬ᄒᆞ야 以助威武ᄒᆞ고 號를 百萬이라ᄒᆞ야 縱兵圍昆陽ᄒᆞ다

三月에偏將軍劉秀等이昆陽을徇ᄒᆞ고陵郾을定ᄒᆞ야다下ᄒᆞ다莽이王邑과王尋을
遣ᄒᆞ야兵을發ᄒᆞ야山東을平定ᄒᆞ고ᄯᅩ諸猛獸虎豹犀象의屬을驅ᄒᆞ야써威武를助
ᄒᆞ고號를百萬이라ᄒᆞ야兵을縱ᄒᆞ야昆陽을圍ᄒᆞ다

岑彭이守宛이러니漢兵이攻之ᄒᆞᆫ대數月에乃擧城降이어늘更始ㅣ入都
之ᄒᆞ다

岑彭이宛을守ᄒᆞ더니漢兵이攻ᄒᆞᆫ되數月에이에城을擧ᄒᆞ야降ᄒᆞ거늘更始ㅣ入ᄒᆞ
야都ᄒᆞ다

劉秀ㅣ至郾定陵ᄒᆞ야悉發諸營兵俱進ᄒᆞ실ᄉᆡ自將步騎千餘ᄒᆞ야爲
前鋒ᄒᆞ니尋邑이亦遣兵數千ᄒᆞ야合戰이어날秀ㅣ犇之ᄒᆞ야斬首數千級
ᄒᆞᆫ대諸將이喜曰劉將軍이平生에見小敵怯이러니今見大敵勇ᄒᆞ니
甚可恠也ㅣ라ᄒᆞ더라

劉秀ㅣ郾과定陵에至ᄒᆞ야다諸營兵을發ᄒᆞ야俱히進ᄒᆞᆯ시ᄉᆞᄉᆞ로步騎千餘를將ᄒᆞ
야前鋒를ᄉᆞᆷ으니尋과邑이ᄯᅩ兵數千을遣ᄒᆞ야合戰ᄒᆞ거늘秀ㅣ犇ᄒᆞ야首數千級을
斬ᄒᆞᆫ되諸將이喜ᄒᆞ여曰劉將軍이平生에小敵을見ᄒᆞ고怯ᄒᆞ더니今에大敵을見ᄒᆞ
고勇ᄒᆞ니甚히可히恠ᄒᆞ다ᄒᆞ더라

秀ㅣ復進ᄒᆞᆫ대 尋邑兵이 却이어날 諸部兵이 乘之ᄒᆞ야 斬首數百千級ᄒᆞ고 連勝遂前ᄒᆞ야 乘銳崩之ᄒᆞ니 諸將이 膽氣ㅣ 益壯ᄒᆞ야 無不一當百이라 遂殺王尋ᄒᆞ고 城中이 亦鼓譟而出ᄒᆞ야 中外合勢ᄒᆞ니 震呼、動天地라 莽兵이 大潰ᄒᆞ다

秀ㅣ다시進ᄒᆞᆫ되尋과邑의兵이却ᄒᆞ거ᄂᆞᆯ모ᄃᆞᆫ部兵이乘ᄒᆞ야首數百千級을斬ᄒᆞ고連ᄒᆞ야勝ᄒᆞ고드듸여前ᄒᆞ야銳를乘ᄒᆞ야崩ᄒᆞ니諸將이膽氣ㅣ더욱壯ᄒᆞ야一이百을當치아니리가無ᄒᆞᆫ지라드듸여王尋를殺ᄒᆞ고城中이ᄯᅩ鼓譟ᄒᆞ고出ᄒᆞ야中外ㅣ勢를合ᄒᆞ니震呼ㅣ天地를動ᄒᆞᄂᆞᆫ지라莽兵이크게潰ᄒᆞ다

會에 大雷風ᄒᆞ야 屋瓦ㅣ 皆飛ᄒᆞ고 雨下如注ᄒᆞ야 滍川이 盛溢ᄒᆞ니 滍天理反 滍水出南陽犨陽縣 東北入汝 虎豹ㅣ 皆股戰ᄒᆞ고 士卒이 赴水溺死者ㅣ 以萬數라 水爲不流러라

會에大히雷ᄒᆞ고風ᄒᆞ야屋瓦ㅣ다飛ᄒᆞ고雨下ㅣ注ᄒᆞᆷ과如ᄒᆞ야滍川이盛溢ᄒᆞ니虎豹ㅣ다股戰ᄒᆞ고士卒이水에赴ᄒᆞ야溺死ᄒᆞᆫ者ㅣ萬으로써數ᄒᆞᄂᆞᆫ지라水ㅣ爲ᄒᆞ야流치안터라

王邑嚴尤ㅣ 輕騎로 乘死人ᄒᆞ고 渡水逃去어날 盡獲其軍實輜重ᄒᆞ니

軍實謂車徒器械及糧之類輜重說見前 於是에海內豪傑이翕然響應ᄒᆞ야皆殺其牧守ᄒᆞ고自稱將軍ᄒᆞ야用漢年號ᄒᆞ고以待詔命이러라

이에海內豪傑이翕然이響應ᄒᆞ야다그牧守를殺ᄒᆞ고스ᄉᆞ로將軍이라稱ᄒᆞ야漢의年號를用ᄒᆞ고써詔命을待ᄒᆞ더라

莽이聞漢兵이言莽이鴆殺平帝ᄒᆞ고乃會公卿ᄒᆞ야開所爲平帝請命金縢之策ᄒᆞ야泣以示羣臣ᄒᆞ더라 出莽傳

莽이漢兵이言ᄒᆞ되莽이鴆으로平帝를殺ᄒᆞ엿다ᄒᆞᆷ을聞ᄒᆞ고이에公卿을會ᄒᆞ야平帝를爲ᄒᆞ야命을請ᄒᆞ든바金縢의策을開ᄒᆞ야泣ᄒᆞ며써群臣을示ᄒᆞ더라

新市平林諸將이以劉縯兄弟ㅣ威名益盛이라ᄒᆞ야陰勸更始除之ᄒᆞ대更始ㅣ不敢發이러니部將劉稷이聞更始立ᄒᆞ고怒曰本起圖大事者는伯升兄弟也어늘今更始는何爲者耶오更始ㅣ收稷將誅之어날縯이固爭ᄒᆞᆫ대李軼朱鮪ㅣ 榮美反 勸更始幷執縯ᄒᆞ야即日에殺之ᄒᆞ다 出齊武王縯傳

新市平林諸將이劉縯의兄弟로써威名이더욱盛ᄒᆞ다ᄒᆞ야陰히更始를勸ᄒᆞ야除ᄒᆞ라ᄒᆞ되更始ㅣ敢히發치못ᄒᆞ더니部將劉稷이更始ㅣ立홈을듯고怒ᄒᆞ야曰본ᄃᆡ起ᄒᆞ야大事를圖ᄒᆞᆫ者ᄂᆞᆫ伯升의兄弟어ᄂᆞᆯ今에更始ᄂᆞᆫ무엇ᄒᆞᄂᆞᆫ者인고更始ㅣ稷을收ᄒᆞ야장ᄎᆞᆺ誅ᄒᆞ려ᄒᆞ거ᄂᆞᆯ縯이굿이爭ᄒᆞᆫᄃᆡ李軼과朱鮪ㅣ更始를勸ᄒᆞ야幷히縯을執ᄒᆞ야即日에殺ᄒᆞ다

官屬이迎吊秀ㅣ어ᄂᆞᆯ秀ㅣ不與交私語ᄒᆞ고惟滋引過而已오未嘗自伐昆陽之功ᄒᆞ며又不敢爲縯服喪ᄒᆞ고飮食言笑를如平常ᄒᆞ니更始ㅣ以是慙ᄒᆞ야拜秀爲破虜大將軍ᄒᆞ고封武信侯ᄒᆞ다 出光武紀

官屬이秀를迎ᄒᆞ야吊ᄒᆞ거ᄂᆞᆯ秀ㅣ與ᄒᆞ야私語를交치안코오작이過를引홀다름이오일즉이스ᄉᆞ로昆陽의功을자랑치아니ᄒᆞ며ᄯᅩ敢히縯을爲ᄒᆞ야服喪치아이ᄒᆞ고飮食言笑를平常과如히ᄒᆞ니更始ㅣ이로써慙ᄒᆞ야秀를拜ᄒᆞ야破虜大將軍을삼고武信侯를封ᄒᆞ다

莽이憂懣不能食ᄒᆞ고但飮酒啗鰒魚ᄒᆞ고 鰒音雹鰒海魚名鰒無鱗有殼一面附石細孔雜雜或七或九 **讀軍書가倦ᄒᆞ면因馮几寐ᄒᆞ고不復就枕矣러라** 出莽傳

莽이憂懣ᄒᆞ야能히食지못ᄒᆞ고다만酒를飮ᄒᆞ고鰒魚를啗ᄒᆞ고軍書를讀ᄒᆞ다가倦

호면因호야几에凴호야寐호고다시枕에就치아니호더라

成紀人隗囂ㅣ（王氏曰天水郡有成紀縣今秦川是也隗囂姓名） 與周宗等으로 起兵以應漢호야 移檄郡國호고 勒兵十萬호야 攻隴西武都호야 皆下之호다

成紀人隗囂ㅣ周宗等으로더부러兵을起호야써漢을應호야檄을郡國에移호고兵十萬을勒호야隴西武都를攻호야다下호다

茂陵公孫述이 起兵成都호야 自稱輔漢將軍이라호고 兼益州牧호다

茂陵公孫述이兵을成都에起호야스스로輔漢將軍이라호고益州牧을兼호다

更始ㅣ 遣將攻武關호대 三輔鄧曄于匡이 起兵應漢호야 開武關迎漢兵호고 諸縣大姓이 亦各起兵호야 稱漢將而長安旁兵이 四會城下호야 九月戊申에 兵從宣平門入호니 火及掖庭承明（承明）殿名이라

更始ㅣ將을遣호야武關을攻호되三輔鄧曄과于匡이兵을起호고漢을應호야武關을開호고漢兵을迎호고諸縣大姓이ᄯᅩ각々兵을起호야漢將이라稱호고長安旁兵이四로城下에會호야九月戊申에兵이宣平門으로從호야入호니火가掖庭承明에及호는지라

斗(一)柄而坐以五石銅爲之若北斗長二尺五寸欲以服勝衆兵令司命負之莽出在前入在旁三奇吉門云

莽이避火宣室ᄒᆞ야旋席隨斗柄而坐曰天生德於予시니漢兵이
其如予에何리오
莽이火를宣室에避ᄒᆞ야席을旋ᄒᆞ고斗柄을隨ᄒᆞ고坐ᄒᆞ야曰天이德을予에게生ᄒᆞ
시니漢兵이그予에게웃지ᄒᆞᆯ고
庚戌明旦에羣臣이扶莽之漸臺러니 漸浸也臺在池中爲水所浸故名漸臺 餔時에 餔奔謨反說文曰申時食也
衆兵이上臺ᄒᆞ야斬莽首分莽身ᄒᆞ야節解臠分ᄒᆞ니爭相殺者ㅣ數十
人이러라傳莽首詣宛이어늘 詣宛句絕宛音鴛括地志云南陽郡邑古仲伯國城在宛大城南其西南二縣皆故宛城也 縣於市ᄒᆞ니百姓
이共提擊之ᄒᆞ고 提音齊蕭該音底提者擲也蕭音得之 或切食其舌ᄒᆞ더라 以上出莽傳
庚戌明旦에羣臣이莽을扶ᄒᆞ고漸臺에之ᄒᆞ더니餔時에衆兵이臺에上ᄒᆞ야莽의首를
斬ᄒᆞ고莽의身을分ᄒᆞ야節을解ᄒᆞ고臠을分ᄒᆞ니爭ᄒᆞ야서로殺ᄒᆞᄂᆞᆫ者ㅣ數十人이러
이라莽의首를傳ᄒᆞ야宛에詣ᄒᆞ거ᄂᆞᆯ市에縣ᄒᆞ니百姓이共히提ᄒᆞ야擊ᄒᆞ고或그舌
을切食ᄒᆞ더라

新增尹氏曰甚矣亂臣賊子之欺世也禮施於國宋鮑之所以弑其君厚施於民田氏之所以併其國自古姦僞之徒往往若此方莽未簒之前折節下士輕財好施虛譽隆洽元后爲其所惑爲之宗主浸淫至於盜國毒流四海然後大兵四合克莽示惡雖漢祚復還而其禍亦慘矣朱子綱目書衆共誅莽者明莽之極惡人人皆得而討衆所共誅之者也自莽之敗出於劉氏之復興由是後世簒國之人往往殄滅前代種族至無遺育是莽不獨貽禍當時亦

且貽禍萬世其爲害也大矣玆故因而及之

更始ㅣ將都洛陽홀서 以劉秀로 行司隸校尉ᄒᆞ야 使前整脩宮府어늘 秀乃置僚屬ᄒᆞ고 作文移ᄒᆞ야 移箋表之類也官曹公府不相臨敬則爲移也 從事司察을 釋義從事官名漢舊儀司隸校尉置從事吏十二人以主察擧 一如舊章ᄒᆞ니 時에 三輔吏士ㅣ 東迎更始홀서 見諸將過에 皆冠幘 側革反冠弁冕之總名也幘巾也古有冠無幘幘者卑賤執事者所服其後貴賤皆服之稍稍作顏題有赤幘靑幘素幘布幘 而服婦人衣ᄒᆞ고 莫不笑之러니 及見司隸僚屬ᄒᆞ얀 皆歡喜不自勝ᄒᆞ여 老吏ㅣ 或垂涕曰不圖今日에 復見漢官威儀라ᄒᆞ니 由是로 識者ㅣ 皆屬心焉이러라 出光武紀

更始ㅣ장찻洛陽에都홀식劉秀로써司隸校尉를行ᄒᆞ야하여곰前으로宮府를整修케ᄒᆞ거늘秀ㅣ이에僚屬을置ᄒᆞ고文移를作ᄒᆞ야從事司察을一히舊章과갓치ᄒᆞ니時에三輔吏士ㅣ東으로更始를迎홀식諸將이過홈에다幘을冠ᄒᆞ고婦人衣를服홈을見ᄒᆞ고笑치아니ᄒᆞ리업더니司隸僚屬을見홈에及ᄒᆞ얀다歡喜홈을스ᄉᆞ로勝치못ᄒᆞ며老吏는或涕를垂ᄒᆞ야日今日에다시漢官威儀를見홈을圖치못엿다ᄒᆞ니是로由ᄒᆞ야識ᄒᆞᄂᆞᆫ者ㅣ다心을屬ᄒᆞ더라

更始ㅣ拜劉秀行大司馬事ᄒᆞ야 持節北渡河ᄒᆞ야 鎭慰州郡이어늘 秀

至河北ᄒᆞ야所過郡縣에考察官吏ᄒᆞ야黜陟能否ᄒᆞ며(上句文不同)平遣囚徒ᄒᆞ고(平音病个其不平也遣縱放也囚徒械繫服役者)除王莽苛政ᄒᆞ고復漢官名ᄒᆞ니吏民이悅喜ᄒᆞ야爭持牛酒迎勞어ᄂᆞᆯ秀ㅣ皆不受ᄒᆞ다(出光武紀無末句)

更始ㅣ劉秀를拜ᄒᆞ야大司馬事를行ᄒᆞ야節을持ᄒᆞ고北으로河를渡ᄒᆞ야州郡을鎭慰ᄒᆞ거ᄂᆞᆯ秀ㅣ河北에至ᄒᆞ야過ᄒᆞᄂᆞᆫ바郡縣에官吏를考察ᄒᆞ야能否를黜陟ᄒᆞ며囚徒를平遣ᄒᆞ고王莽의苛政을除ᄒᆞ고漢의官名을復ᄒᆞ니吏民이悅喜ᄒᆞ야닷토어牛酒를持ᄒᆞ고迎ᄒᆞ야勞ᄒᆞ거ᄂᆞᆯ秀ㅣ다受치안타

新增尹氏曰帝王之興其施爲氣象必有大過人者觀漢祖入關之始除秦苛法與世祖徇河北之日除莽苛政同區區逐鹿爭雄之徒豈可同日而語然則配夏配天不失舊物亦豈偶然之故哉

南陽鄧禹ㅣ杖策追秀ᄒᆞ야及於鄴이어ᄂᆞᆯ(地理志魏郡有鄴縣括地志故鄴都城在障河北西南去章德府二十里)秀ㅣ曰我ㅣ得專封拜ᄒᆞ니(言封侯拜將我得專擅此權)生이遠來ᄂᆞᆫ寧欲仕乎아禹ㅣ曰不願也오但願明公이威德이加於四海어든禹ㅣ得效其尺寸ᄒᆞ야垂功名於竹帛爾로다

南陽鄧禹ㅣ策을杖ᄒᆞ고秀를追ᄒᆞ야鄴에及ᄒᆞ거ᄂᆞᆯ秀ㅣ曰我ㅣ시러곰封拜를專히ᄒᆞ니生이遠히來홈은옷지仕코저홈인가禹ㅣ曰願치안코다만明公에威德이四海

에加ᄒᆞ거든禹ㅣ시러곰그尺寸을效ᄒᆞ야功名을竹帛에垂키를願ᄒᆞ노라
秀ㅣ笑ᄒᆞ고因留宿이러니禹ㅣ進說曰今山東이未安ᄒᆞ야赤眉靑犢之
屬이赤眉與靑犢皆賊之號動以萬數오更始ㅣ旣是常才而不自聽斷ᄒᆞ고諸將
이皆庸人屈起라屈渠物反屈或作掘說文曰勃起曰掘起志在財幣ᄒᆞ야爭用威力ᄒᆞ야朝夕自
快而已오非有忠良明智深慮遠圖ᄒᆞ야欲尊主安民也라
秀ㅣ笑ᄒᆞ고因ᄒᆞ야留宿케ᄒᆞ더니禹ㅣ進ᄒᆞ야說ᄒᆞ야曰今山東이安치못ᄒᆞ야赤眉
와靑犢의屬이萬數로써動ᄒᆞ고更始ㅣ임의이常才이라스ᄉᆞ로聽斷치못ᄒᆞ고諸將
이다庸人의屈起라志가財幣에在ᄒᆞ야爭ᄒᆞ야威力을用ᄒᆞ야朝夕에스ᄉᆞ로快홀다
름이오忠良ᄒᆞ고明智ᄒᆞ고深慮ᄒᆞ고遠圖ᄒᆞ야主를尊ᄒᆞ고民을安코져홈은有치안
는지라
明公이素有盛德大功ᄒᆞ야爲天下所嚮服이라軍政이齊肅ᄒᆞ고賞罰
이明信ᄒᆞ니本傳無明公素有盛德以下四句爲今之計컨ᄃᆡ莫如延攬英雄ᄒᆞ고務悅民心ᄒᆞ야
立高祖之業ᄒᆞ고救萬民之命이니以公而慮컨ᄃᆡ公稱劉秀也說文云慮謀思也天下를不
足定也니이다秀ㅣ大悅ᄒᆞ야因令禹로常宿止於中ᄒᆞ야中謂幕府中與定計議

ᄒᆞ고 每任使諸將에 多訪於禹ᄒᆞ니 皆當其才러라 出禹本傳

明公이본대盛德과大功이有ᄒᆞ야天下의嚮服ᄒᆞᄂᆞᆫ바ㅣ된지라軍政이齊肅ᄒᆞ고賞罰이明信ᄒᆞ니今을爲ᄒᆞ야計컨ᄃᆡ英雄을延攬ᄒᆞ고民心을務悅ᄒᆞ야高祖의業을立ᄒᆞ고萬民의命을救홈만갓지못ᄒᆞ니公으로써慮컨ᄃᆡ天下ᄅᆞᆯ足히定ᄒᆞᆯ것이업ᄂᆞ이다秀ㅣ크게悅ᄒᆞ야因ᄒᆞ야禹로ᄒᆞ여곰항상中에宿止케ᄒᆞ야더브러計議ᄅᆞᆯ定ᄒᆞ고미양諸將을任使홈에마니禹에게訪ᄒᆞ니다그才ᄅᆞᆯ當ᄒᆞ더라

新增胡氏曰蕭王之至鄴禹杖策追及從容晝策不如子房險難出奇不如陳平餉食補卒不如蕭何攻城畧地不如曹參纔一將兵出關又爲赤眉所敗而二十八將禹顧居首當時無異議後世無貶辭光武何取於禹而禹何以致之也曰禹初見帝觀其延攬英雄務悅民心立高祖之業救萬民之命此數語自李通耿弇賈復吳漢皆未之嘗言且任使諸將各當其才此固高出諸將之上一日帝披輿地圖曰天下郡國如是今始得其一如何禹曰古之興者在德厚薄不以小大是又非諸臣所能及雖伊周之徒啓告其君者不過如此嗚呼此光武之所深知而禹之所以自許者乎以此而圖形雲臺藏名太室爲東京元功眞無愧矣

秀ㅣ自兄縯之死로 更始殺縯 每獨居에 無人傍侍故曰獨居 輒不御酒肉ᄒᆞ고 枕席에 有涕泣處어늘 主薄馮異ㅣ 獨寬譬之ᄒᆞᆫ대 寬緩譬比也緩爲辭說比而諭之 秀ㅣ 止之曰卿勿妄言ᄒᆞ라 異ㅣ 因進說曰更始政亂에 百姓이 無所依戴ᄒᆞ니 夫人이 久飢渴이면 易爲充飽ᄒᆞᄂᆞ니 今公이 專命方面ᄒᆞ니 宜分遣官屬ᄒᆞ야 循

行郡縣ᄒᆞ야 (循謂撫循之循循其人民也行下孟反) 宣布德澤ᄒᆞ소셔 (本傳無宣字) 秀ㅣ納之ᄒᆞ다 (出馮異傳)

秀ㅣ兄縯의死ᄒᆞᆷ으로브터미양獨居ᄒᆞ야믄득酒肉을御치안코枕席에涕泣處ㅣ有ᄒᆞ거늘主簿馮異ㅣᄒᆞ올로寬히譬ᄒᆞᆫ디秀ㅣ止ᄒᆞ야曰卿은妄言치말나異ㅣ因ᄒᆞ야進說ᄒᆞ야曰更始ㅣ政이亂ᄒᆞᆷ에百姓이依戴ᄒᆞᆯ바이無ᄒᆞ니무릇人이久히飢渴ᄒᆞ면充飽ᄒᆞ기易ᄒᆞᄂᆞ니今에公이命을方面에專ᄒᆞ니맛당이官屬을分遣ᄒᆞ야郡縣을循行ᄒᆞ야德澤을宣布ᄒᆞ소서秀ㅣ納ᄒᆞ다

騎都尉耿純이謁秀於邯鄲ᄒᆞ고 (音寒丹) 退見官屬將兵法度ㅣ不與他將同ᄒᆞ고遂自結納ᄒᆞ다 (出本紀傳)

騎都尉耿純이秀를邯鄲에셔謁ᄒᆞ고退ᄒᆞ야官屬과將兵과法度ㅣ他將으로더브러同치아님을見ᄒᆞ고遂히ᄉᆞᄉᆞ로結納ᄒᆞ다

王莽時에長安中에有自稱成帝子子輿者ㅣ어늘莽이殺之러니邯鄲卜者王郎이 (王郎姓名又名昌) 緣是詐稱眞子輿ㅣ라ᄒᆞᆫ디百姓이多信之ᄒᆞ야立郞爲天子ᄒᆞ니趙國以北과遼東以西ㅣ皆望風響應이러라

王莽時에長安中에ᄉᆞᄉᆞ로成帝子子輿ㅣ라稱ᄒᆞᄂᆞᆫ者ㅣ有ᄒᆞ거ᄂᆞᆯ莽이殺ᄒᆞ엿더니邯

郾卜者王郎이是를緣ᄒᆞ야詐로眞子輿라稱ᄒᆞᄃᆡ百姓이만이信ᄒᆞ야郎을立ᄒᆞ야天子를삼으니趙國以北과遼東以西ㅣ다風을望ᄒᆞ고響應ᄒᆞ더라

(城內擾亂)王郎

(甲申)二年 更始ㅣ至長安ᄒᆞ야居長樂宮ᄒᆞ시升前殿ᄒᆞ니郎吏ㅣ以次로列庭中이어늘更始ㅣ羞怍ᄒᆞ야 [怍在各反顏色變也] 俛首刮席ᄒᆞ야 [俛與俯同低頭也刮摩也] 不敢視ᄒᆞ고委政於趙萌ᄒᆞ고日夜飮讌後庭ᄒᆞ야以至羣小膳夫히皆濫授官爵ᄒᆞ니長安이爲之語曰竈下養은中郎將이오 [王氏曰養去聲炊烹爲養言此徒亦得授中郎將按百官表中郎有五官左右三將秩皆比二千石] 爛羊胃는騎都尉오 [初武帝置羽林騎至宣帝令騎都尉監之比二千石] 爛羊頭는關內侯라ᄒᆞ니 [列侯出關就國侯俱爵身其有家累者與之關內之邑食其租稅] 由是로關中이離心ᄒᆞ고四海ㅣ怨叛이러라

更始ㅣ長安에至ᄒᆞ야長樂宮에居ᄒᆞ시前殿에升ᄒᆞ니郎吏ㅣ次로써庭中에列ᄒᆞ거늘更始ㅣ羞怍ᄒᆞ야首를俛ᄒᆞ고席을刮ᄒᆞ야敢히視치못ᄒᆞ고政을趙萌에게委ᄒᆞ고日夜로後庭에서飮讌ᄒᆞ야써羣小膳夫에至ᄒᆞ기다官爵을濫授ᄒᆞ니長安이語ᄒᆞ야曰竈下養은中郎將이오爛羊胃는騎都尉오爛羊頭는關內侯라ᄒᆞ니是로由ᄒᆞ야關中이離心ᄒᆞ고四海ㅣ怨叛ᄒᆞ더라

大司馬秀ㅣ至薊ᄒᆞ니會에王子接이起兵薊中ᄒᆞ야以應王郎이라城

移檄購光武
(舍食)一宿曰舍

內ㅣ擾亂이어늘 秀ㅣ趣駕而出ᄒᆞ야 (趣音促) 不敢入城邑ᄒᆞ고 舍食道傍ᄒᆞ야 (出本紀)

至蕪蔞亭ᄒᆞ니 (蕪蔞故城在晉州饒陽縣北亭亦在焉) 時에 天寒冽이라 馮異ㅣ上豆粥ᄒᆞ고

至下曲陽傳ᄒᆞ야 (曲陽在鉅鹿郡) 聞王郞兵이 在後ᄒᆞ고 從者ㅣ皆恐이러니 至滹沱

河ᄒᆞ야 (滹音呼沱或作沲並徒河反地理志滹沱河自代郡鹵城縣東去參合縣反東歷眞定南關又東過鄚州文安入海) 候吏ㅣ還白ᄒᆞᆫ대 河水流澌

ᄒᆞ고 (澌音斯流水也) 無船不可濟라ᄒᆞ야늘 秀ㅣ使王霸로 往視之ᄒᆞᆫ대 霸ㅣ恐驚衆ᄒᆞ고 欲

且前阻水ᄒᆞ야 還卽詭曰氷堅可渡라ᄒᆞ니 官屬이 皆喜어늘 秀ㅣ笑曰

候吏ㅣ果妄語也로다 遂前比(比必寐反)至河ᄒᆞ니 河氷이 亦合이라 乃令王

霸로 護度ᄒᆞ야 未畢數騎而氷解ᄒᆞ다 (出王霸傳)

大司馬秀ㅣ薊에至ᄒᆞ니會에王子接이兵을薊中에起ᄒᆞ야써王郞을應ᄒᆞ는지라城
內ㅣ擾亂ᄒᆞ거늘秀ㅣ駕를趣ᄒᆞ고出ᄒᆞ야敢히城邑에入지못ᄒᆞ고道傍에舍食ᄒᆞ야
蕪蔞亭에至ᄒᆞ니時에天이寒冽ᄒᆞᆫ지라馮異ㅣ豆粥을上ᄒᆞ고曲陽傳에至下ᄒᆞ야王
郞兵이後에在ᄒᆞᆷ을聞ᄒᆞ고從者ㅣ다恐ᄒᆞ더니滹沱河에至ᄒᆞ야候吏ㅣ還白호ᄃᆡ河
水에澌가流ᄒᆞ고船이無ᄒᆞ야可히濟ᄒᆞᆯ슈업다ᄒᆞ거늘秀ㅣ王霸로ᄒᆞ여곰往ᄒᆞ야視
케ᄒᆞᆫᄃᆡ霸ㅣ衆을驚ᄒᆞᆯ가恐ᄒᆞ고ᄯᅩ前으로水를阻코져ᄒᆞ야還ᄒᆞ야곳詭ᄒᆞ야曰氷이

堅ᄒᆞ야可히渡ᄒᆞ겟다ᄒᆞ니官屬이다喜ᄒᆞ거ᄂᆞᆯ秀ㅣ笑ᄒᆞ야曰候吏ㅣ과연妄語ᄒᆞ엿도다遂히前으로ᄒᆞ야河에比至ᄒᆞ니河氷이ᄯᅩ合ᄒᆞᆫ지라이에王霸로ᄒᆞ여곰度ᄅᆞᆯ護ᄒᆞ야數騎ᄅᆞᆯ畢치못ᄒᆞ야氷이解ᄒᆞ다

永嘉陳氏曰古之人君不恃其或然之數而忽其必然之理或然之數者天也必然之理者人也天意之不集人事猶可以自盡幸乎天而人之繼之鮮有之敗事者矣漢之高祖光武盖嘗得乎天矣睢水之圍幾入乎項氏之掌握而以大風脫滹沱之役幾墳於餓虎之喙矣而以氷合濟是豈人力也哉天也二君於此不以其幾不免者自沮亦不以其幸而免者自賀方且益聽三傑之謀而延攬二十八將之族以伺其隙而俟其可乘之機卒之垓下之圍合而項氏擒邯鄲之戰交而王郎虜是果天耶人耶能知高帝五年之業不成於睢水之脫而成於垓下之勝光武之中興亦不在於滹沱之濟而在於邯鄲之克則知人君之有爲於天下者其始也雖天啓之而成之者常以人也嗟乎天之欲啓是君而使之有所就者不遽爾也置諸厄而福之投諸難而全之使之迫於利害而深其謀臨於死生以固其志挫其驕矜抑其果銳以大其所受而人君者不能因乎天而善用之而亦且安乎天而棄其所以在人退處乎無事之地亦坐觀夫自定之勢則向之所以福之者乃所以禍之也全之者所以敗之也嗚呼人君有天下之慮其毋以天之所以福我者全我者而自取禍敗也哉

至南宮遇大風ᄒᆞ야 地理志信都郡南宮縣 按信都今冀州是也 秀ㅣ引車入道傍空舍ᄒᆞ니馮異ᄂᆞᆫ抱薪ᄒᆞ고鄧禹ᄂᆞᆫ爇火라 爇儒劣反 秀ㅣ對竈燎衣러니馮異ㅣ復進麥飯ᄒᆞ고馳赴信都ᄒᆞ다 地理志趙地北有信安都今冀州是春秋爲晉東陽地三家分晉因屬趙秦於此置信都屬鉅鹿郡地 是時에郡國이皆降王郎ᄒᆞᄃᆡ獨信都太守任光과和戎太守邳彤이 邳名悲反彤余中反釋義和戎郡貧也王莽分鉅鹿爲和戎 不肯從이러니光이聞秀至ᄒᆞ고大喜ᄒᆞ고邳彤이亦自和戎으로來會ᄒᆞ니 以上叅用任光邳彤二傳

文議者ㅣ多言호대可因信都兵호야自送西還長安이라호대邳彤이曰
吏民이歌吟思漢이久矣라今卜者王郞이假名因勢호야驅集烏
合之衆호야遂振燕趙之地나無有根本之固호니明公이奮二郡之
兵호야以討之면何患不克이리오今釋此而歸면豈徒空失河北이리오
必更驚動三輔호야墮損威重호리니非計之得者也니이다秀ㅣ乃止
호다任光이發傍縣호야得精兵四千人호니衆이稍合至萬人이라移檄
邊郡호야共擊邯鄲호니郡縣이還復響應이러다 出本紀

南宮에至호야大風을過호야秀ㅣ車를引호고道傍空舍에入호니馮異는薪을抱호
고鄧禹ㅣ火를爇호다秀ㅣ竈을對호야衣를燎호더니馮異ㅣ다시麥飯을進호고馳
호야信都에赴호다이ᄯᅢ에郡國이王郞에게降호대홀로信都太守任光과和戎太守
邳彤이從키를肯치안터니光이秀ㅣ至홈을듯고크게喜호고邳彤이ᄯᅩ和戎으로브
터來會호니議者ㅣ多히言호대可히信都兵을因호야스스로西로送호야長安에還
호라호대邳彤이曰吏民이歌吟호고漢을思홈이久호지라今에卜者王郞이名를假
호고勢를因호야烏合의衆을驅集호야드대여燕趙의地를振호나根本의固홈이잇

지아느니明公이二郡의兵을奮ᄒᆞ야써討ᄒᆞ면웃지克치못ᄒᆞᆷ을患ᄒᆞ리오今에此를釋ᄒᆞ고歸ᄒᆞ면웃지ᄒᆞᆫ갓河北만空히失ᄒᆞ리오반다시다시三輔를驚動ᄒᆞ야威重을墮損ᄒᆞ리니計의得ᄒᆞᆫ者ㅣ아니니이다秀ㅣ이에止ᄒᆞ다任光이傍縣을發ᄒᆞ야精兵四千人을得ᄒᆞ니衆이稍히合ᄒᆞ야萬人에至ᄒᆞᆫ지라檄을邊郡에移ᄒᆞ야共히邯鄲을擊ᄒᆞ니郡縣이還ᄒᆞ야다시響應ᄒᆞ더라

秀ㅣ披輿地圖ᄒᆞ야 (披閱視也圖畫也地象車輿載物故曰輿也) **指示鄧禹曰天下郡國이如是어늘今始乃得其一ᄒᆞ니 子ㅣ前言以吾慮天下不足定은何也오禹ㅣ曰方今海內ㅣ殽亂이라人思明君을猶赤子之慕慈母ᄒᆞᄂᆞ니 古之興者는在德薄厚오不以大小也ㅣ니이다** (出鄧禹傳)

(始乃得其一) 初得廣阿郡也

(殽) 相雜錯也

秀ㅣ輿地圖를披ᄒᆞ야鄧禹를指ᄒᆞ야示ᄒᆞ야曰天下郡國이是와如ᄒᆞ거늘今에비로소이에그一을得ᄒᆞ니子ㅣ前에言호대吾로써慮컨대天下를足히定ᄒᆞᆯ것이업다ᄒᆞᆷ은何인고禹ㅣ曰方今에海內ㅣ殽亂ᄒᆞᆫ지라人이明君을思ᄒᆞ기赤子가慈母를慕ᄒᆞ듯ᄒᆞᄂᆞ니古의興ᄒᆞᆫ者는德의薄厚ᄒᆞᆷ에在ᄒᆞ고大小로써아니ᄒᆞᄂᆞ니이다

四月에秀ㅣ進攻邯鄲ᄒᆞ야連戰破之ᄒᆞ다

(交關)交結關通也 (反側)不安也

(隷)附屬也

四月에秀ㅣ邯鄲을進攻ᄒᆞ야連戰ᄒᆞ야破ᄒᆞ다

五月에王霸ㅣ追斬王郞ᄒᆞ다秀ㅣ收郞文書ᄒᆞ야得吏民이與郞으로交關謗毁者數千章ᄒᆞ야秀ㅣ不省ᄒᆞ고會諸將燒之曰令反側子로自安ᄒᆞ노라 出本紀

五月에王霸ㅣ王郞을追ᄒᆞ야斬ᄒᆞ다秀ㅣ郞의文書를收ᄒᆞ야吏民이郞으로더브러交關謗毁ᄒᆞᆫ者數千章을得ᄒᆞ야秀ㅣ省치안코諸將을會ᄒᆞ고燒ᄒᆞ야曰反側子로ᄒᆞ여곰스ᄉᆞ로安케ᄒᆞ노라

秀ㅣ部分吏卒ᄒᆞ야各隷諸軍ᄒᆞᆯ서士ㅣ皆言願屬大樹將軍이라ᄒᆞ니大樹將軍者ᄂᆞᆫ偏將軍馮異也ㅣ라爲人이謙退不伐ᄒᆞ고 謙孟之反不伐堯氏曰伐如伐木之凡人矜誇其能乃所以自伐其能也故謂之伐 敕吏士ᄒᆞ야非交戰受敵이면常行諸營之後ᄒᆞ고每所止舍에諸將이並論功이어든異ㅣ常獨屛樹下ᄒᆞ라故로軍中이號曰大樹將軍이라ᄒᆞ다 出馮異傳

秀ㅣ吏卒을部分ᄒᆞ야각각諸軍에隷ᄒᆞᆯ시士ㅣ다言호ᄃᆡ大樹將軍에게屬ᄒᆞ기를願ᄒᆞ다ᄒᆞ니大樹將軍인者ᄂᆞᆫ偏將軍馮異라人됨이謙退ᄒᆞ야伐치안코吏士에敕ᄒᆞ야

交戰과受敵이아니면常해諸營의後에行ᄒᆞ고ᄆᆡ양止舍ᄒᆞᄂᆞᆫ바에諸將이並히功을論ᄒᆞ거든異ㅣ常해홀로樹下에屛ᄒᆞᄂᆞᆫ지라故로軍中이號ᄒᆞ야曰大樹將軍이라ᄒᆞ다

更始ㅣ遣使ᄒᆞ야立秀爲蕭王ᄒᆞ고(括地志今徐州縣古蕭叔國也)悉令罷兵이어늘 耿弇이進曰百姓이患苦王莽ᄒᆞ야復思劉氏러니 今更始ㅣ爲天子而諸將이擅命ᄒᆞ고貴戚이縱橫ᄒᆞ야虜掠自恣ᄒᆞ니元元이叩心ᄒᆞ야更思莽朝ㅣ라是以로知其必敗也ᄒᆞ노다 公이功名이已著ᄒᆞ니(本傳無此句)以義征伐이면天下를可傳檄而定也ㅣ니天下ᄂᆞᆫ至重ᄒᆞ니 公可自取ᄒᆞ고毋令他姓으로得之ᄒᆞ소서(以上出弇本傳)蕭王이乃辭以河北未平ᄒᆞ고不就徵ᄒᆞ니始貳於更始러라(以上出本紀)

更始ㅣ使를遣ᄒᆞ야秀를立ᄒᆞ야蕭王을삼고다ᄒᆞ여곰兵을罷케ᄒᆞ거늘耿弇이進ᄒᆞ야曰百姓이王莽을苦患ᄒᆞ야다시劉氏를思ᄒᆞ더니今에更始ㅣ天子ㅣ됨에諸將이命을擅ᄒᆞ고貴戚이縱橫ᄒᆞ야虜掠自恣ᄒᆞ니元元히心을叩ᄒᆞ야다시莽朝를思ᄒᆞᄂᆞᆫ지라이로써그반다시敗홀줄을知ᄒᆞ노라公이功名이임의著ᄒᆞ니義로써征伐ᄒᆞ면天下를可히檄을傳ᄒᆞ야定ᄒᆞ리니天下ᄂᆞᆫ至重ᄒᆞ니公은可히스ᄉᆞ로取ᄒᆞ고他姓으

(縱橫)幷去聲縱放縱也橫恣橫也

로ᄒᆞ여곰得케마소서蕭王이이에河北이平치못홈으로써辭ᄒᆞ고徵에就치아니ᄒᆞ
니비로소更始에貳ᄒᆞ더라

是時에諸賊銅馬鐵脛尤來大槍上江靑犢富平獲索(八者皆是賊名)

(八賊名或以山川土地爲名或以軍容强盛爲號)

等이各領部曲ᄒᆞ니衆이合數百萬人이라所在寇掠이러니秋에蕭王이擊銅馬於鄡ᄒᆞ시ᄂᆞᆯ(堅堯反地理志鉅鹿有鄡縣)**吳漢이將突騎ᄒᆞ고來會淸陽ᄒᆞ니士馬ㅣ甚盛이러라銅馬ㅣ食盡夜遁이어ᄂᆞᆯ蕭王이追擊於館陶ᄒᆞ야悉破降之ᄒᆞ고封其渠帥ᄒᆞ야爲列侯ᄒᆞ다**

이ᄯᅢ에諸賊銅馬와鐵脛과尤來와大槍과上江과靑犢과富平과獲索等이각각部曲을領ᄒᆞ니衆이合數百萬人이라在ᄒᆞᄂᆞᆫ바에寇ᄒᆞ고掠ᄒᆞ더니秋에蕭王이銅馬을鄡에서擊ᄒᆞ실ᄉᆡ吳漢이突騎를將ᄒᆞ고淸陽에來會ᄒᆞ니士馬ㅣ甚히盛ᄒᆞᆫ지라銅馬ㅣ食이盡ᄒᆞ야夜에遁ᄒᆞ거ᄂᆞᆯ蕭王이追ᄒᆞ야館陶에서擊ᄒᆞ야다破ᄒᆞ야降ᄒᆞ고그渠帥를封ᄒᆞ야列侯를삼다

諸將이未能信賊ᄒᆞ고降者ㅣ亦不自安이어ᄂᆞᆯ王이知其意ᄒᆞ고敕令降者로各歸營勒兵ᄒᆞ고自乘輕騎ᄒᆞ야按行部陳ᄒᆞᆫ대降者ㅣ更相語曰

蕭王이推赤心ᄒᆞ야置人腹中ᄒᆞ니安得不投死乎오리由是로皆服이어늘悉以降人으로分配諸將ᄒᆞ니衆이遂數十萬이라故로關西ㅣ號秀爲銅馬帝라ᄒᆞ더라

諸將이能히賊를信치못ᄒᆞ고降者ㅣ또ᄉᆞᄉᆞ로安치못ᄒᆞ거늘王이그意를知ᄒᆞ고勅ᄒᆞ야降者로하여곰각각營에歸ᄒᆞ야兵을勒케ᄒᆞ고ᄉᆞᄉᆞ로輕騎를乘ᄒᆞ야部陳을按行ᄒᆞᆫ대降者ㅣ다시서로語ᄒᆞ야曰蕭王이赤心을推ᄒᆞ야人의腹中에置ᄒᆞ니웃지시러곰死에投치아니리오是로由ᄒᆞ야다服ᄒᆞ거늘다降人으로써諸將에게分配ᄒᆞ니衆이드대여數十萬이라故로關西ㅣ秀를號ᄒᆞ야銅馬帝라ᄒᆞ다

赤眉樊崇等이將兵攻長安이어늘蕭王이將北徇燕趙가라度赤眉ㅣ必破長安ᄒᆞ고又欲乘釁幷關中而不知所寄ᄒᆞ야乃拜鄧禹前將軍ᄒᆞ야中分麾下精兵二萬人ᄒᆞ야遣西入關ᄒᆞ다

赤眉와樊崇等이兵을將ᄒᆞ고長安을攻ᄒᆞ거늘蕭王이장ᄎᆞᆺ北으로燕趙를徇ᄒᆞ다가赤眉ㅣ반다시長安을破ᄒᆞᆯ줄度ᄒᆞ고또釁을乘ᄒᆞ야關中을幷코져호ᄃᆡ寄ᄒᆞᆯ바를知치못ᄒᆞ야이에鄧禹를前將軍을拜ᄒᆞ야麾下精兵二萬人을中分ᄒᆞ야西로遣ᄒᆞ야關

(御)撫也用也

으로入ᄒᆞ다

蕭王이以河內로險要富實ᄒᆞ야이라欲擇諸將守河內者而難其人ᄒᆞ야問於鄧禹ᄒᆞᆫ대禹ㅣ曰寇恂이文武ㅣ備足ᄒᆞ야有牧民御衆之才ᄒᆞ니非此子면莫可使也ㅣ니이다乃拜恂河內太守ᄒᆞ야行大將軍事ᄒᆞ고蕭王이謂恂曰昔에高祖ㅣ留蕭何守關中이러시니吾ㅣ今에委公以河內ᄒᆞ노니當給足軍糧ᄒᆞ고率厲士馬ᄒᆞ야防遏他兵ᄒᆞ야勿令北受而已라로 出寇恂傳

蕭王이河內로써險要ᄒᆞ고富實ᄒᆞ다ᄒᆞ야諸將에河內를守ᄒᆞᆯ者를擇코져ᄒᆞ되그人을難ᄒᆞ야鄧禹에게問ᄒᆞᆫ되禹ㅣ曰寇恂이文武ㅣ備足ᄒᆞ야民을牧ᄒᆞ고衆을御ᄒᆞᆯ才가有ᄒᆞ니此子ㅣ아니면可히使ᄒᆞᆯ리업ᄂᆞ이다이에恂을河內太守를拜ᄒᆞ야大將軍事를行케ᄒᆞ고蕭王이恂다려謂ᄒᆞ야曰昔에高祖ㅣ蕭何를留ᄒᆞ야關中을守ᄒᆞ더시니吾ㅣ今에公에게河內로써委ᄒᆞ노니맛당이軍糧을給足케ᄒᆞ고士馬를率厲ᄒᆞ야他兵을防遏ᄒᆞ야ᄒᆞ여곰北受치말게ᄒᆞᆯ다름이로다

(野王)縣名

蕭王이親送鄧禹ᄒᆞ야至野王ᄒᆞ고禹ㅣ旣西에蕭王이乃復引兵而

北ᄒᆞ다寇恂이調餱糧ᄒᆞ고 調徒釣反謂計發之也 治器械ᄒᆞ야以供軍ᄒᆞ니軍雖遠征이나未嘗乏絶이러라 以上出寇恂等傳

蕭王이親히鄧禹를送ᄒᆞ야野王에至ᄒᆞ고禹ㅣ임의西ᄒᆞᆷ에蕭王이이에다시兵을引ᄒᆞ고北으로ᄒᆞ다寇恂이餱糧을調ᄒᆞ고器械를治ᄒᆞ야써軍을供ᄒᆞ니軍이비록遠히征ᄒᆞ나일즉이乏絶치안터라

詳密註釋通鑑諺解卷之五 終